道路选线与设计中的交通安全问题分析

宋传增 著

中国建筑工业出版社

图书在版编目（CIP）数据

道路选线与设计中的交通安全问题分析/宋传增著.
北京：中国建筑工业出版社，2014.10
ISBN 978-7-112-17254-2

Ⅰ.①道… Ⅱ.①宋… Ⅲ.①公路选线-交通运输
安全-研究 Ⅳ.①U412.24

中国版本图书馆CIP数据核字（2014）第211441号

本书是有关道路选线与设计方面的专著。道路线形设计缺陷致使出现道路交通事故黑点，引发大量伤亡事故。根据历年资料和监控设备实况调查，总结分析道路线形组合缺陷引发的交通事故，发现其内在规律，建立道路线形组合交通安全评价模型，用仿真软件验证道路线形组合交通安全评价模型，界定相关参考，据此改造既有道路交通事故黑点，建立道路线形设计安全审查制度，对新设计的道路图纸进行安全审查，将道路线形设计缺陷消灭在设计阶段，从源头上减少交通事故的发生，提高社会公共安全。本书是交通工程类著作，可作为交通规划、道路设计、道路施工、交通管理和交通安全科研人员的参考书，也可作为交通相关专业师生的教科书。

责任编辑：田启铭　李玲洁
责任设计：董建平
责任校对：李美娜　陈晶晶

道路选线与设计中的交通安全问题分析
宋传增　著

*

中国建筑工业出版社出版、发行（北京西郊百万庄）
各地新华书店、建筑书店经销
霸州市顺浩图文科技发展有限公司制版
北京云浩印刷有限责任公司印刷

*

开本：787×1092毫米　1/16　印张：9　字数：215千字
2014年10月第一版　2014年10月第一次印刷
定价：**36.00**元
ISBN 978-7-112-17254-2
（26024）

前　言

道路交通事故严重威胁着社会公共安全。近年来我国每年发生交通事故50万起以上，因交通事故死亡人数均超过10万人，居世界第一位，部分交通事故是因道路线形组合设计缺陷引发的。在“人—车—路—环境”组成的动态交通系统中，“人”是主体，“路”为基础，两者在交通系统中的作用都是至关重要的，交通事故的发生，往往是人、车、路与交通环境组成的系统中一个或多个因素失调所致。长期以来，我国的道路交通事故统计结果存在着过分夸大驾驶员责任的倾向，忽视了道路因素直接或间接作用于驾驶员诱发道路交通事故的作用，在大量调查和研究中，不难发现道路条件因素在交通事故的发生中起到相当重要的作用，而很大一部分道路交通事故是由道路线形组合设计不当引发的。

国内外对道路线形的优化设计研究较多，线形对交通安全的影响也有一定研究，但多种线形组合缺陷形成的道路安全黑点对交通安全的影响研究较少，有必要建立道路线形设计安全评价指标体系和审查制度，在设计阶段消灭交通安全隐患。

本书是有关道路选线与设计方面的专著。课题组将在国内外现有研究的基础上，总结分析交通安全研究成果和发展趋势。搜集分析典型城市历年交通事故资料，根据交警出具的事故现场报告，探究道路线形设计缺陷引发交通事故的成因，分析道路线形与交通事故的内在规律，建立道路线形与城市道路交通安全事故关系模型，写出我国典型城市道路交通安全事故调研报告。选择事故多发路段为试点路段，安装监测设备连续监测，搜集交通运行数据，在分析一手现场资料的基础上，佐证和调整线形与交通事故关系模型。采用仿真软件对线形与交通事故关系模型进行验证和完善。建立道路线性设计安全评价指标体系，参考专家建议，界定评价指标，提出建立道路线形设计安全审查制度建议，编写建议方案。在典型城市试点应用该方案，根据用户使用意见反馈完善评价指标体系和审查制度，将道路线形设计缺陷消灭在设计阶段，减少因道路线形设计缺陷引发的交通事故，从源头上减少交通事故的发生，营造良好的道路条件，保障人们安全出行。

全书共六章，由山东建筑大学宋传增老师主编。山东建筑大学于晓桦博士、时柏营博士和韩悦臻老师提供了宝贵的参考资料，并对全书进行了审稿。哈尔滨工业大学孙庆军参与了编写，长安大学王福满和杨自广绘制了全书的图表，山东建筑大学法政、李鑫磊、马学思、任俊臣、颜宇五位研究生参与了资料的收集、整理、分析和计算工作。著者参考了国内外同类研究成果，谨向作者致以衷心的感谢！本书受到山东省自然基金（Y2007F83）和山东省住房和城乡建设厅科技项目计划（RK005）支持。

本书是交通工程类著作，可作为交通规划、道路设计、道路施工、交通管理和交通安全科研人员的参考书，也可作为交通相关专业师生的教科书。

本书大部分内容均系初次编写，由于编写时间仓促与水平有限，错漏在所难免，恭请读者批评指正。

著者

2014年7月

目　录

第1章　我国交通安全现状

1.1　历年交通事故死亡人数

交通事故已成为世界第一害，而中国是世界上交通事故死亡人数最多的国家。从20世纪80年代末中国交通事故年死亡人数首次超过5万人至今，中国大陆每年交通事故50万起，因交通事故死亡人数均超过10万人，已经连续十余年居世界第一。

2009年，中国汽车保有量约占世界汽车保有量的3%，但交通事故死亡人数却占世界的16%。

中国历年交通事故死亡人数官方统计：

2001年全国公安交通管理部门共受理道路交通事故案件75.5万起，事故共造成10.6万人死亡，平均每天因交通事故死亡的人数已达300人（注：每5分钟有一人死于交通事故），直接经济损失30.9亿元。

2002年，中国共发生道路交通事故77.3万起，造成10.9万人死亡、56.2万人受伤，直接经济损失33.2亿元。

2003年，全国公安部门共受理一般以上道路交通事故66.8万起，这些事故造成10.4万人死亡，直接经济损失33.7亿元。同年，在机动车增长1674万辆、道路增加4.6万公里的情况下，全国交通事故起数、死伤人数出现了10年以来的首次下降，其中，非典期间事故下降明显。

2004年，中国道路交通事故死亡人数达9.4万人，居世界第一。驾驶员是道路交通安全最重要的影响因素。2004年因驾驶员因素导致的交通事故占总数的89.8%，造成的死亡人数、受伤人数分别占到了总数的87.4%和90.6%。

2005年，全国共发生道路交通事故45.0万起，造成9.9万人死亡、47.0万人受伤，直接财产损失18.8亿元。

2006年，全国共发生道路交通事故37.9万起，造成8.9万人死亡、43.1万人受伤，直接财产损失14.9亿元，万车死亡率为6.2。

2007年，上半年全国共发生道路交通事故15.9万起，造成3.7万人死亡、18.9万人受伤，直接财产损失5.4亿元。超速行驶仍是机动车肇事的主要原因。

2008年，全国道路交通事故死亡人数为7.3万人。由于奥运期间开展的道路交通安全攻坚战，2008年，全国道路交通事故死亡人数为7.3万人，同比下降10%。

2009年，据公安部交通管理局通报，全国共发生道路交通事故23.8万起，造成6.8万人死亡、27.5万人受伤，直接财产损失9.1亿元。其中，酒后驾驶导致的事故死亡人数降幅明显。与去年同期相比，分别下降 10.1%、7.8%、9.8%和 10.7%。其中，发生一次死亡 10 人以上特大道路交通事故 24 起，同比减少 5 起。全国万车死亡率为 3.6，同比减少 0.7。

2011 年，全国共接报涉及人员伤亡的道路交通事故 21.1 万起，共造成 6.2 万人死亡，其中营运客货车辆肇事 5.0 万起，占 23.9%，造成 2.1 万人死亡，占 33.1%。全国共发生一次死亡 10 人以上的特大交通事故 27 起，造成 451 人死亡，其中营运客货车肇事的事故 23 起，造成 390 人死亡，分别占 85.1%和 86.5%[1]。

1.2 交通安全的现状

当前我国正处于道路交通建设的高速发展时期，截至 2007 年底，我国公路通车总里程达 3573 万公里，其中高速公路为 5.39 万公里；2008 年，我国高速公路的通车里程更是达到 6.03 万公里，居世界第二位，仅次于美国；仅 2008 年新修建的高速公路里程数就比 1988 年我国高速公路通车里程 6258 公里还多，道路里程的飞跃式增长拉动了经济的快速发展，却也使交通事故数量大幅度增加，道路交通安全问题始终威胁着人民的生命财产及社会秩序，不容忽视。

据相关统计数据显示，我国道路交通安全形势从 2004 年开始有了初步改善的趋势，道路交通事故数、死亡人数、万车死亡率逐年下降，但和西方发达国家相比，我国的交通事故死亡率依旧比较突出，2005 年我国交通事故造成的每 10 万人口死亡率是 6.84，德国为 6.5，美国为 14.66，日本为 5.38，虽然从比率上看相差不大，但我国的平均增长速度却非常惊人，从 1990～2006 年，平均每年约增加 3.67%，从万车死亡率来看，2005 年德国是 0.8，美国是 1.77，日本是 5.38，而我国是 7.6，相当于发达国家的 4～6 倍。由此看出，我国道路交通的安全形势仍十分严峻，我国的交通安全在发展中国家处于中等水平，与工业发达国家相比，还有很大差距。发达国家交通安全形势的改观得益于一系列相关措施的实施，但我国在这方面并没有一套行之有效的措施，随着全面建设和谐社会进程的推进，全社会机动化水平的提高，如若不及时采取行之有效的措施，道路交通事故仍有可能呈爆发式增长。因此，我国应从现在开始，更加重视减少交通事故、提高道路交通安全水平的研究工作、重视对发达国家先进经验的吸收，采取针对性措施，逐年改善我国的交通安全形势[2]。

1.3 中国道路交通现状分析

随着我国道路交通事业的飞速发展，交通事故发生率呈上升趋势。由于交通事故的发生不仅造成大量人员伤亡，给无数家庭带来不幸，而且严重影响着经济发展和社会稳定，已引起了各级政府的高度重视和关注。人们在谈交通事故色变的同时，开始寻找诱发道路交通事故的原因。下文运用大量的数据对交通事故发生的特点进行归纳，认为交通事故的发生具有一定的规律性，而造成事故的原因又具有复杂性和多样性。通过对人、车、路等交通因素的分析研究，提出了预防和减少交通事故的初步对策，以便采取针对性措施，遏制交通事故的发生。

道路交通事故伴随着交通运输业的发展应运而生，与交通事故密切相关的因素是人、车、路和环境。下文通过介绍我国道路交通事故的现状，对道路交通事故的特点进行研究，根据交通事故特点，分析其产生的原因，并对预防和减少交通事故的对策进行初步的探讨。

1.3.1　我国当前道路交通事故的基本概况

随着我国道路交通事业的飞速发展，交通事故猛增已成了交通管理所面临的严重问题。汽车交通作为人类文明的标志，彻底地改变了人类发展的历史进程，给人类以舒适和便捷等正面效应的同时也给人类生活带来一些负面效应，交通事故就是其中最严重、危害最大的负面效应之一。正因为交通事故造成的严重后果，世界各国尤其是发达国家都对事故预防及对策倾注了大量人力、物力和财力，制定了较为完善的道路交通管理法律、法规和相关政策。许多国家从20世纪60年代起开始实行了综合治理交通和减少交通事故的措施，虽然每年因交通事故造成的损失很高，但交通事故上升的势头已趋于平缓，欧美、日本等发达国家交通事故尤其是近几年的交通事故处于稳定趋势，而我国的道路交通事故所造成的损害后果却依然严重，而且一直处于上升的趋势，每年交通事故死亡人数居于世界首位。近年来在我国机动车数量快速增长的情况下，交通事故及伤亡人数呈不断上升趋势。我国自1951年开始统计交通事故数据，当年全国共发生交通事故5922起，死亡852人，伤5159人。①1951～1984年的30多年间，交通事故各项指标的变化基本上是平稳的。20世纪80年代中期以后至今，社会交通需求日益旺盛，城乡交通活动随之剧增，而道路建设和交通管理的发展却不能满足交通运输发展的客观需要，道路交通事故急剧增加，尤其是1991年后随着国家总体经济实力的不断增强，机动车保有量急剧增加，交通运输发展迅速，交通事故及其死亡人数急剧增长。从1998～2002年的5年中，全国道路交通事故绝对数呈上升趋势，事故起数、死亡人数、受伤人数年均增长率分别为32.5%、8.8%、42.7%。2002年全国一般以上道路共发生交通事故77.31万起，造成10.94万人死亡、56.21万人受伤，直接经济损失33.24亿元，与2001年相比分别增长了2.41%、3.26%、2.85%和7.66%，是历年之最；②我国的道路交通事故造成的损失远大于世界发达国家，道路交通事故致死率也远大于发达国家，这是由于发达国家通过20世纪70～80年代的治理，交通事故死亡人数呈逐年下降的态势，而我国却恰恰相反。从相对指标来看，我国道路交通事故增长率和万车死亡率都在下降，2003年全国道路交通事故虽然除了经济损失指标以外，其他各项指标都有不同程度的下降，但交通安全形势依然十分严峻。因此研究我国道路交通事故的特点，分析其成因具有非常重要的意义。

1.3.2　我国道路交通事故的特点

我国道路交通事故的主要特点表现为：

（1）公路交通事故多。公路交通的事故死亡率远高于城市道路交通事故死亡率。2003

年，全国公路上发生交通事故约 39.0 万起，造成约 8.1 万人死亡、32.3 万人受伤，分别占总数的 58.4%、77.2%和 65.3%，城市道路发生交通事故约 27.8 万起，造成约 2.4 万人死亡、17.1 万人受伤，分别占总数的 41.6%、22.8%和 34.7%，公路与城市道路事故起数比为 1.4∶1，而公路交通事故死亡人数是城市道路死亡人数的 3 倍，公路上平均每 5 起事故死亡 1 人，城市道路上平均每 12 起事故死亡 1 人。

（2）道路交通事故基本逐年增加，呈现恶化趋势，除了万车死亡率外，其他各项指标基本上逐年增加，道路交通事故致死率和万车死亡率高。交通事故致死率是事故死亡人数与伤亡总人数之比。我国交通事故致死率高于发达国家，2003 年我国交通事故致死率达到 17.4%，而发达国家保持在 1%～4%之间，万车死亡率虽呈下降趋势，但远远高于工业发达国家的 1.2～1.9 人/万车的水平。

（3）道路交通事故按全年、全天呈时间不均衡分布，除了在常规的早、中、晚高峰出现明显外，在凌晨零至一时也是一个高峰时段。据 1999 年统计可知，交通事故次数、死亡人数以 6 月份为最低谷，而最高峰集中在 1、2 月份，4、5 月份和 11、12 月份。同时，我国的道路交通事故在时间分布上具有一定的周期性，即在季、月、周、时分布上具有周期性。以 2002 年的交通事故统计为例，交通事故受伤人数和事故次数整体上从月初至月中稍有回落，此后明显上升，到本月 24、25 日时降至谷底后开始反弹，26 日升到本月的最高点后又开始回落，以此规律月复一月。

（4）经济发达地区较不发达地区交通事故相对较多，死亡人数多；沿海地区较内陆地区交通事故相对较多，死亡人数多。根据 2002 年道路交通事故统计得知，广东、浙江、山东、江苏与四川五省道路交通事故数量位于全国前五位，合计约 29.8 万起，占全国 38.5%。交通事故死亡人数位于前五位的广东、山东、江苏、浙江与河南，合计约 4.1 万人，占全国 37.9%，除四川、河南外，其他省份均属于我国沿海及经济发达省份。

（5）绝大多数交通事故都是由于交通违法而引起的。根据 2002 年道路交通事故统计，因疏忽大意、超速行驶、措施不当、违规超车、不按规定让行、违规占道行驶、酒后驾车造成约 5.6 万人死亡，占交通事故死亡总数的 51.3%，占机动车驾驶员原因造成死亡总数的 65.3%。

（6）摩托车驾驶人、自行车骑车人和行人因交通违章造成的伤亡严重。2003 年全国交通事故中，因摩托车驾驶人交通违法引发交通事故造成约 2.1 万人死亡、12.4 万人受伤，分别占死伤总数的 20%和 25%。同时，由于自行车骑车人和行人在交通事故中常常处于弱势地位，一旦与机动车发生交通事故，很容易受到伤害。2003 年自行车骑车人交通违法引发交通事故造成约 1.5 万人死亡、5.3 万人受伤，分别占总数的 14.1%和 10.7%。行人交通违法引发交通事故造成约 2.6 万人死亡、6.8 万人受伤，分别占总数的 24.6%和 13.8%。

（7）低龄机动车驾驶员成为交通事故的主要主体尤其突出。在 2002 年统计中，全国机动车驾驶员肇事约 72.7 万起，造成死亡约 9.8 万人，分别占总数 94.08%和 89.4%，其中驾龄不足三年的驾驶员肇事约 12.9 万起，造成死亡约 1.6 万人，分别占总数 23.04%和 25.59%。

（8）因大货车、摩托车肇事致死人数下降幅度较大，因小货车、农用运输车肇事致死人数略有增加。2003 年大货车肇事约 11.5 万起，造成约 2.2 万人死亡、6.8 万人受伤，事故起数、死亡人数与受伤人数分别比 2002 年减少了约 3.0 万起、约 0.3 万人和 1.6 万人，下降比例分别为 20.8%、12.4%和 19.3%。摩托车肇事约 9.7 万起，造成约 2.0 万人死亡、11.2 万人受伤，事故起数比 2002 年减少约 2.5 万起，死亡人数减少约 0.1 万人，受伤人数减少约 2.0 万人，下降比例分别为 20.4%、5.7%和 15.0%。小货车、农用运输车分别造成 8476 人和 9734 人死亡，分别比 2002 年增加 500 人和 315 人，上升比例分别为 6.3%和 4.9%。

（9）机动车数量迅速增加，机动化水平不断提高，导致交通事故死亡人数大幅度上升。全国机动车保有量从 1990 年的 1476.26 万辆迅速增加到 2002 年的 7975.68 万辆，年均增长约 15%；同时，机动化水平（千人拥有机动车数量）从 1990 年的 12.91 增长到了 2002 年的 61.76，年均增长约 14%。

1.3.3　我国道路交通事故原因分析

我国道路交通事故之所以呈现出以上特点，主要在于交通事故发生的原因是多元化和复杂化的。因而只有通过对交通事故原因的分析，才能发现形成这些交通事故特点的原因。道路交通事故的影响因素基本上可归结为人的因素、车辆因素和道路及其他因素。下面就从几个方面对发生道路交通事故的原因进行分析，从而得出形成交通事故特点的原因。

1.3.3.1　人的因素

交通是人类生存的四大根本需求之一，在道路交通事故中人的因素起着决定性作用，许多交通事故都是由于人的原因造成的，抓好道路交通事故预防就必须抓住对人的教育和管理，所以说交通事故没有人的参与就谈不到交通事故。人是道路交通安全的主体，包括所有使用道路者，如机动车驾驶员、乘车人、骑自行车人、行人等。道路交通事故的发生，其中有的是因机动车驾驶员的疏忽大意、违章行驶、操作失误；有的是因行人、非机动车驾驶员不遵守交通规则所致。随着社会的发展，交通活动的频繁，人与车、车与车之间的交通冲突机会增加。另外，由于人们受生活环境、作业环境、社会环境以及人的心理素质、生理条件的制约，人的自由度很大，可靠性与机械相比是很差的，交通事故发生概率自然增加。同时，人们的传统交通观念、出行习惯的沉积虽有所改变，但在短期内难以有较大的转变，人们群体文化素质不高及其提高速度与快速发展的交通事业之间不协调，交通意识转变速度与道路交通的发展、机动化水平的提高以及交通管理的要求不协调，与交通管理的新技术、新手段不协调，这些也成为困扰交通安全的主要因素。最为突出的就是机动车驾驶员引发的事故，直接影响到我国的道路交通安全。

根据世界各国官方机构和各类组织公布的统计报告和相关数据，分析人、车辆、道路和环境在交通事故中所起的作用可发现，由于驾驶员的过失而导致交通事故的产生是最主要的原因。发达国家依靠长期积累的道路交通事故数据，对道路交通安全的事故致因因素进行了细致的分析，对不同技术手段能够引起的作用进行了评估，得出基本一致的结论：即 90%的道路交通事故是由于驾驶员的错误引起的，国际驾驶员行为研究协会（DBRA）早期进行的一项面对驾驶员的调查报告也列出了与官方机构公布材料大致相符的数据，见表 1-1：

交通事故中相关因素所占比例表（%） **表 1-1**

国家	英国	西班牙	苏联	法国	瑞典	南美洲	前南斯拉夫	日本	平均
驾驶员的过失	56.1	92	52.7	85.5	81.1	85.7	69.7	44	70.8
道路条件	6.7	6.5	20.6	10.8	6.1	4.1	20.4	17.3	11.6

据我国交通部门的统计资料分析，由于我国道路交通安全参与者的交通安全意识淡薄，造成人的因素成为交通事故的主要原因，其造成的交通事故数约占事故总数的 95.3%，其中因机动车驾驶员的过失造成交通事故的占 87.5%，非机动车驾驶员占 4.7%，行人、乘客占 5.17%，其他人员占 2.63%，导致事故发生主要是人的因素。

（1）从驾驶员方面分析

由于机动车驾驶员数量以及增长速度过高，群体文化素质不高，安全驾驶技术水平不高，部分驾驶员缺乏职业道德，交通违法行为严重，是发生交通事故的重要原因。驾驶员在行车过程中注意力分散、疲劳过度、休息不充分、睡眠不足、酒后驾车、身体健康状况欠佳等潜在的心理、生理性原因，造成反应迟缓而酿成交通事故。引发交通事故及造成损失的驾驶员主要违规行为包括疏忽大意、超速行驶、措施不当、违规超车、不按规定让行这 5 个因素。其中疏忽大意、措施不当与驾驶员的驾驶技能、观察外界事物能力及心理素质等有关，而超速行驶、违法超车、不按规定让行则主要是驾驶员主观上不遵守交通法规或过失造成的，驾驶员驾驶技术生疏，情绪不稳定，也会引发交通事故。同时，驾龄在 2～3 年、4～5 年的驾驶员发生交通事故次数多，死亡人数多，而驾龄为 1 年的驾驶员人数在驾驶员总数中并不占优势，但造成损失的比例却是最大的。

（2）从骑自行车人分析

不走非机动车道，抢占机动车道；路口、路段抢行猛拐；对来往车辆观察不够；自行车制动系统失灵或根本就没有；骑车技术不熟练，青少年骑车追逐嬉戏等均可造成交通事故的发生。

（3）从行人分析

不走人行横道、地下通道、天桥；翻越护栏、横穿和斜穿路口；任意横穿机动车道，翻越中间隔离带；青少年或儿童突然跑到道路上，对突然行进的车辆反应迟缓、不知所措；不遵守道路交通信号及各种标志等，从而导致交通事故。

1.3.3.2 车辆因素

车辆是现代道路交通中的主要元素，影响汽车安全行驶的主要因素是转向、制动、行驶和电气四个部分。我国机动车种类多，动力性能差别大，安全性能低，管理难度大。机动车在长期使用过程中处于各种各样的环境，承受着各种应力，如外部的环境应力、内部功能应力和运动应力，以及汽车、总成、部件等由于结构和使用条件，如道路气候、使用强度、行驶状况等的不同，汽车技术状况参数将以不同规律和不同强度发生变化，或性能参数劣化，导致机动车的性能不佳、机件失灵或零部件损坏，最终成为造成道路交通事故的直接因素。在我国机动车（各种汽车、农用三轮车、装载车与摩托车）拥有量增长迅速，数量激增的机动车已成为现代社会经济发展和提高人民的生活质量的标志之一，机动车拥有量增加速度已大大超过了道路的增长速度，使得本来不宽裕的路面更是雪上加霜，使交通事故绝对数和交通事故伤亡人数急剧上升，加之我国高速公路建设步伐比较快，而车辆性能更新速度还未能跟上高速公路的建设步伐，车辆高速行驶可靠性差、安全性差，导致我国高速公路交通事故处于快速增长的趋势。车辆猛增的势头剧增不减，特别是一些人图便宜购买一些大城市淘汰的、已近报废的车辆，使得交通安全形势变得复杂。有些本地的不符合标准，安全技术检测状况差以及报废的车辆仍在行驶，有些个体户的出租车昼夜兼程，多拉快跑，只用不修，导致车辆技术性能差，故障多，机件很容易失灵，引发交通事故。

长期以来，世界各国交通管理部门在对事故进行统计分析时，有时会轻易地或惯性地将事故的原因归咎于驾驶员，从交通系统的各因素看，人为主要因素是无可厚非的，但也不可忽略事故的潜在诱因，由车辆、道路、交通环境对驾驶员造成的间接影响，尤其是车辆的可靠性对交通安全的影响，当车辆发生制动失效或不良、灯光失效、转向失效等机件故障时，会使得驾驶员无法及时避免事故的发生。

现代交通要求有性能较好的车辆与之匹配，我国道路交通流组成与国外不同，大车所占比例较大，且车辆构成复杂，各车型之间性能差距较大，虽然近几十年内，随着我国汽车工业的发展，车辆性能有了较大的提高，但与国外相比，总体性能仍然偏低，特别是货车超载现象仍在一定范围内存在，这就造成了车的因素对交通安全影响较大，主要表现在：

（1）车辆制动性能差，由于载货车辆制动性能差，常出现因车辆制动距离过长、跑偏等引发的车辆甩尾、追尾、碰撞等重大交通事故。

（2）车辆可靠性差，道路持续高速运行要求汽车的主要组成匹配合理，国产载货汽车的主要问题是品种少、技术性能落后、可靠性差，造成整车性能差、安全可靠性差，从而造成当载货汽车持续高速行驶时，故障明显增多，直接诱发交通事故。

（3）车辆后备功率小，动力性能低，在长距离、长时间，满负荷情况下汽车极易出现发动机过热、拉缸等现象，容易诱发交通事故。

（4）车辆操纵稳定性差，国产载货汽车高速行驶时发摆、发飘等现象时有发生，其主要原因是国产载货汽车底盘技术性能以及车身造型设计落后。

（5）车辆乘坐舒适性差，有些交通事故的直接原因虽不是车辆本身，但与车辆有关，比如车辆驾驶作业空间的人机工程学设计上的缺陷，导致驾驶员感知作业疲劳、判断决策作业疲劳以及动作疲劳，从而引发道路交通事故，车辆不安全状态会引发人的不安全行为，比如驾驶作业空间人机工程学设计上的缺陷等。

（6）车辆轮胎质量不能与高速安全行驶合理匹配，轮胎的性能和质量对汽车的安全高速行驶、加速制动、操纵稳定性、经济舒适等各项性能指标起着重要作用，国产汽车高速行驶适应性差、不能适应高速行驶的要求、易出现爆胎现象，直接诱发交通事故，同时，车辆超载时，轮胎负荷过大，导致胎内气压增大，破坏力强，更容易爆胎。

1.3.3.3 交通环境的因素

交通环境是影响交通安全的综合因素，交通环境是随着条件变化而改变的，跟季节、天气条件、混合交通流的状态、自然环境等密切相关。

影响道路交通安全的不利气象条件主要有积雪、积冰、降雨、大雾、大风、低温及高温等，据英国有关部门统计，所有公路致伤事故中，由制动引起的约占20%，主要由路面潮湿造成，其中一半事故发生时正在降雨，据美、英、澳等国统计，由于能见度低、制动失效，雨天公路事故增加约25%，若再伴有强风，事故率会更高，损失更大。其次，雾、冰、雪对公路交通的干扰也比较严重，据统计，下雪天公路事故率增加25%，伤亡率会增加近一倍，另外在路面局部暴露的区段、桥涵处或路面较高的地段，高层货车从隧道中驶出时，其稳定性受风的威胁也很大。

自然环境对交通安全的影响主要表现在地理环境以及道路绿化对交通安全的影响，一般来说，平原地区地形平坦，有利于交通参与者的安全驾驶，交通安全隐患也相对少一些；而高原、山区的地形复杂，路况的好坏对交通安全影响很大，需要驾驶员注意力高度集中，谨慎驾驶，放慢车速，道路绿化也是交通环境的重要组成部分，构成道路交通设施的背景和陪衬物，它既能保护道路路基，美化道路，又能防止水土流失，因此，根据道路实际情况合理选择道路绿化，要与周围生态环境相协调，还要注意交通安全、工程防护、景观、视线引导等作用。

1.3.3.4 道路因素

国外许多学者都很重视道路条件影响交通安全这一观点，有交通工程专家认为：不管各方面的意见如何，只是驾驶员一方面的错误，决不会引起最严重的事故，事故的主要原因往往是恶劣的道路条件引起的，英国学者认为，如果某一路段发生了多于3起的事故，那么就完全可以认为该路段的道路条件给驾驶员提供了一个不可靠的行驶条件，行车的安全性降低了，而且许多的实际事故研究也证实了这一点，苏联专家对苏联境内的13000起道路交通事故进行了分析，发现涉及恶劣道路条件影响的事故占总事故数的70%，在我国，通过交通部公路科学研究院对容易造成群死群伤事故路段和事故多发段的调查分析，可以看出二级及二级以下公路上发生的交通事故数比高等级公路要多得多，约占我国事故总数的70%；在山区公路上，群死群伤的特大事故比平原区要高得多、严重得多，而其中线形不良的急弯、陡坡、连续下坡、视距不良和路侧险要五种类型的路段是事故高发路段，由此可以看出，虽然驾驶员的过失被看作交通事故的直接起因，但不良的道路条件能够诱发、扩大人的过失，表面上的单纯的人的过失，有可能是人、道路及环境共同作用的结果，影响道路交通事故的道路因素主要有道路几何线形要素、路面状况、车道宽度、交通安全设施等。

（1）线形不良导致事故，如在山区高速公路，对行车具有潜在危险性的 S 形曲线设计。

（2）连续长下坡导致事故多发，运行在长大下坡时，货车驾驶员为了维持一个相对较安全的下坡速度，必须持续地对货车实施制动，长时间连续制动使得货车制动器温度迅速升高，产生热衰退现象，制动效能迅速降低，严重时完全丧失制动，因此，连续长下坡路段往往是事故多发段，尤其当前我国公路存在货车普遍超载的情况，故更应对此种路段加强关注。我国山区面积较大，山地、高原和丘陵约占全国土地总面积的三分之二，尤其中西部地理环境特殊，以山岭区、高原和重丘为主，因此，地势落差大，由于受建设资金的限制，目前中西部公路以低等级公路为主，这些道路部分依山傍崖，地势落差大，坡陡而且长，车辆在这些连续的长下坡上行驶极易因长时间使用刹车制动而使车辆刹车失灵，以致恶性事故的发生，因此，连续长大下坡路段常被认为是事故多发段。目前，我国公路的相关规范中还没有对长下坡有明确地界定，但从车辆运行的特性上分析，长下坡路段是指线形设计上出现的容易造成车辆长时间制动或空挡滑行的长距离、大坡度的路段，长距离的陡坡对车辆的安全行驶极为不利，因此长下坡路段也多成为事故多发路段，被人形象地称作死亡坡、食人坡等。陕西境内 312 国道 K1392～K1440 段地处山区，地势险要，多长陡坡及深沟险壑，自通车短短两年半内，共发生事故 560 起，死亡 81 人，伤 363 人，其中 8 公里的连续长下坡路段更是大部分事故发生的路段。云南省玉溪—元江—磨黑高速公路是昆曼大通道的重要路段，有多处连续坡长超过 10 公里，且整条公路有多个路段纵坡超过 6%，由于受长陡坡、多急弯地理环境的影响，交通事故频繁，自 2003 年底通车两年半内，元江境内发生交通事故 125 起，其中 14 起重大死亡事故，均为大货车超载和长下坡车辆失控造成。2004 年经国务院统一部署，为预防和减少道路交通事故，公安部和国家安全生产监督管理局研究确定了全国 29 处危险路段，这些路段易于地处山区，坡陡、弯急、路窄，或由于气候多雨雾，路面湿滑、视线不良，不利于安全通行，已连续发生重大交通事故或发生一次伤亡数十人的特大道路交通事故。这 29 处危险路段中，属于长下坡路段的就有 16 处，所占比例高达 55%，由此可见，公路连续长大下坡路段面临着极其严峻的安全形势，在山区建设高等级公路时，由于地形和经济条件的限制，不可避免地会存在连续长下坡路段，随着西部地区公路基础设施的快速建设发展，这个问题会越来越严重。

（3）路面状况不良导致事故多发，行车快速、安全、舒适的高等级路面，应具备较好的强度、稳定性、平整度和抗滑性能等条件，尤其须保证路面的抗滑性，这也是交通安全的要求，抗滑性能差常会诱发交通事故。

（4）交通安全设施设置不合理导致事故，如护栏端头设置不合理，目前我国道路上安装的护栏其端头性能不够好，当其与失控车辆正面碰撞时没有很好的吸能效果；端头护栏板易穿透乘客车厢，危及乘客安全；端头侧板没有很好的导向性能，使失控车辆不会在端头处突然停住；护栏端头结构连接不牢固，整体性不好。

道路条件对交通安全起着重要的作用，虽然在道路交通系统中，人、车因素，如驾驶员在行驶过程中的生理、心理反应以及车辆的技术状况，会随时间变化，但是在一个特定的时间段内其变化量较小，而由道路线形、路面、沿线景观、交通量等参量构成的道路交通环境要素，则随时间、地点的不同迅速变化，人与自动化的调节系统不同，没有程序设计反应系统，在有限的时间里，驾驶员要直观的根据眼前出现的复杂情况做出判断并实施可能的方案，此时其神经处于高度紧张状态，极有可能犯错误而导致事故的发生，在疲劳情况下，事故的数量和可能性都会大大增加。

道路是交通运输的基础设施，是影响道路交通安全的重要因素之一。道路建设逐步加大，公路里程增加，高等级公路增加幅度明显，交通客货用量增加，道路结构和交通条件日益改善，为道路交通安全改善打下了基础。但是，在我国尤其是城市道路交通构成不合理，交通流中车型复杂，人车混行、机非混行问题严重；部分地方公共交通不发达，服务水平低，安全性差；自行车交通比率大，骑车者水平不一，个性不同，非机动车与机动车和行人争道抢行；无效交通如空驶出租车较多、私人车辆增加，这些无疑恶化着我国城市的交通安全状况。许多城市道路结构不合理，直线路段过长，道路景观过于单调，容易使驾驶员产生疲劳，注意力分散，致使反应迟缓而肇事。汽车的转弯半径过小，易发生侧滑。驾驶员的行车视距过小，视野盲区过大；线形的骤变、断背、曲线等线形的不良组合，易使驾驶员产生错觉，操作不当，酿成事故。另外，路面状况对交通安全影响也较大。道路等级搭配不科学，路网密度不足，交通流不均衡，个别道路交通负荷度过大，交通安全性差；道路建设方面缺乏有效的交通影响分析，缺乏足量配套的措施、交通管理措施、停车设施等，容易形成交通安全隐患。我国道路基础设施建设速度低于交通需求的发展速度，有些道路的设计要求与实际运行状况不协调；各地区道路线形、道路结构、道路设施不一，客观上给过境车辆的驾驶员适应交通环境带来难度；道路标志标线设置不科学、数量不足、设置不连续；道路周边的环境建设和配套设施建设没有与交通安全混为一体，设计标准和实际不协调，所有这些必然会导致交通事故层出不穷。

1.3.3.5 经济因素

我国属于发展中国家，面积大、人口多，国家经济水平并不发达，东西部经济发展极其不平衡，经济的增长给交通安全带来了许多负面的影响。由于经济的快速发展，刺激交通需求的增长，交通需求与供给矛盾加剧，给我国的交通设施带来巨大压力，快速的经济增长也影响了局部地区的交通安全，我国东部省份与沿海经济发达省份（像江苏、浙江、山东、广东等）的交通事故就比较多，这主要是因为当地的交通需求旺盛、交通活跃造成的，这些地区的经济条件相当发达，处于国家经济的最前沿，交通设施较齐全，交通流量大导致交通事故频发。相反，我国大部分地区属于内陆，在这些地方经济发展缓慢，交通需求量相对较小，交通设施还未完善，交通流量小，交通事故相对较少。另外，随着经济的好转，农村的生产力水平亦不断提高，能够田间作业、也能代步和运输的三栖型交通工具急剧增长，特别是农用运输车发展迅速，已成为农民上山下田、走亲访友、进城赶集的主要交通工具，致使通往农村的公路上畜力车不断减少，机动车急剧增多。但由于农村各种社会管理机构、管理人员、管理机制落后并奇缺，仅有的个别管理部门也是人少力薄，加上农民本来文化及法律意识就不足，多种有意无意地拒管、抗税、逃费等，在农村形成了相当的管理真空区，致使通往农村的道路上，轮子飞转，各种车辆肆意横行，三无车辆随处可见，农村几近是黑车王国，随着这些黑车的横行，导致道路交通事故频频发生。

1.3.3.6　管理因素

由于交通管理不足而造成交通事故的主要表现为：

（1）警力严重不足，整体执法水平不高；

（2）道路交通设施欠缺；

（3）交通科学技术管理落后，科技含量不高；

（4）群防群治，综合治理，社会化管理交通的各种措施没有落实；

（5）各有关部门在管理立法规划等方面，缺少严密和长期的合作；

（6）管理决策者的思想观念不适应。

随着社会的发展、科技的进步，从而给交通管理带来了新局面。交通安全管理涉及的部门较多，工作责任分散，道路规划、设计、建设、维护、施工和管理等方面分属不同的部门，各部门之间缺乏统一的交通安全指导目标，各环节之间的不协调增加了道路潜在的安全隐患。道路交通安全工作出现三多三少的现象，即面上管理多，源头管理少；上路执勤多，深入到单位宣传少；经济处罚多，实际教育少。管理滞后于存在，虽然说是道路交通管理的一般规律，但严重滞后于道路交通存在，必然导致交通事故的重化趋势。机动车管理与驾驶员管理不严格，增加了交通事故的源头。部分地方车辆检验、牌照管理、年度审核和车辆报废制度执行不严；机动车驾驶员培训及其再教育、管理和监督方面不完善以及执法不严；机动车和驾驶员异地管理难度较大，监管不力，不能实现对车辆和驾驶员跟踪管理，这些问题间接增加了交通事故的源头。此外，我国交通管理人员素质、文化水平和管理水平参差不齐，交通安全管理水平低，缺乏与交通管理需求以及所应用新技术、新手段相适应的知识型、综合型的管理人员。交通秩序不良恶化了道路交通安全状况，许多城市道路拥堵日益严重，尤其是东部沿海地区，交通秩序混乱，缺乏有效的交通组织、控制、交通渠化等手段，交通秩序难以改观，加之无效交通所占比例增加，交通量的增加和不良的交通秩序降低了微观道路系统的安全性。我国交通管理对交通安全管理重视不够，改善道路交通安全投入人力和财力较少甚至不投入；有的地方只有在发生重特大交通事故后才引起对交通安全的重视；有的地方缺乏有效的交通安全工作机制，对现有危险路段鉴别和改造重视不够，或者对已知危险路段的改造等问题没有引起足够的重视；交通事故的防治措施缺乏科学性、有效性和长期性。

1.3.3.7　交通法规因素

道路交通管理法规是秩序化交通，遏制道路交通事故的前提。道路交通规则的意义就在于秩序化交通，减少因无序交通而产生的交通堵塞、交通碰撞及因碰撞现象给人的生命和财产造成的不必要的损失，维护广大交通参与者的共同利益，让每一个交通者都能平安、顺利地实现交通目的。我国于 2011 年 4 月 22 日颁布实施了《道路交通安全法》，但到目前为止还没有被广大老百姓完全了解，有的地方老百姓甚至都不知道《道路交通安全法》，在这样的情况下，致使各种交通隐患得以上路，从而造成交通事故的发生，而路上尽管有一定的秩序规范，但它不仅缺少对隐患的制约能力，而且对路面秩序控制能力也明显不足[3]。

第 2 章　道路不同路段线形安全问题分析

2.1　道路交通安全评价方法

交通安全评价是将公路行车安全、降低交通事故等概念引入设计评估工作中，从而针对公路行车安全进行的评价。国内外对公路安全评价进行了大量研究，重点在于如何建立道路安全评价系统。该研究发自英国，并以较快的速度传播到各国。目前安全评价的理念与方法体系已经普及全世界，自从 2003 年美国推出路侧安全分析程序 RSO 和交互式公路安全设计程序 MSDM 以来，公路安全评价从定性评价过渡到与定量评价相结合的方式。

安全评价从 20 世纪 30 年代发展到至今，出现了种类繁多的评价方法，不同的分析方法有各自不同的侧重点，所以也有其适用性和局限性。安全评价方法是进行定性、定量分析的工具，评价的对象和目的不同，则选取的指标和内容也不同，因此，应该根据具体评价对象选择适用的评价方法。目前，国内外常用的交通安全评价方法大致有以下几种。

2.1.1　概率数理统计法

这种方法基本思路为确定事故正常条件下发生的概率分布，并以这种分布作为进行判断的依据，观察事故发生数是否在正常的概率范围内，在这一范围之内的则定义为比较安全，超出这一范围则定义为比较危险，例如通常认为一定地区内发生的事故数近似地服从正态分布，定义随机变量：

$$Z=\frac{Y-\widetilde{Y}}{\sqrt{\bar{Y}}} \tag{2-1}$$

式中　Y——事故的数目；

$\widetilde{Y}$——事故理论允许值；

$\bar{Y}$——事故发生次数的估计值。

随机变量 Z 服从正态分布，取某一置信度值如 95%，则当 $Z>1\%$时，是不安全的事故数，属于危险地区；当 $Z<-1\%$时，是安全地区；当$-1\%<Z<1\%$时，属于正常范围。

概率数理统计法包括多种方法，比如：

（1）绝对数法：采用四项指标进行评价，分别为事故次数、死亡人数、受伤人数、直接经济损失。这种方法虽比较直观易懂，但也有明显的缺点，它没有考虑其他的影响因素，而只以数值的大小作为评价标准；另外，它忽略了不同地区交通总量的差异以及同一地区拥有的不同交通因素，缺乏可比性，在我国由于交通安全统计不够全面，上报资料也不够详实，所以用这种方法评价交通安全并不十分可靠。

（2）事故率法：是一种用相对指标来表达道路交通安全水平的方法，具有较强的可比性。事故率法可以分为地点事故率法、路段事故率法（运行事故率法和事故密度法）、地区事故率法（人口事故率法、车辆事故率法等）、综合事故率法（当量死亡率、亿车公里率等），例如：

1）人口事故率法：

$$R_P=(D/P)\times10^6 \tag{2-2}$$

式中 R_P——100 万人口交通事故死亡率；

D——死亡人数；

P——某国家或城市的人口数。

2）运行事故率法：

$$R_r=(D/N)\times10^8 \tag{2-3}$$

式中 R_r——100 万人口交通事故死亡率；

D——死亡人数；

N——某地区内总运行车千米数。

单独使用某种事故率来评价交通安全具有片面性，不能反映多种因素综合作用下的真实结果，同时事故率法所使用的当量或换算系数往往受主观因素的影响，其合理性颇有争议。

3）模型法：该法是通过分析交通事故与影响因素的关系，建立事故与各种主要因素之间的定量函数关系模型，主要有统计分析模型（如斯密德模型、意大利特里波罗斯多元回归模式等）和经验模型，比如特里波罗斯多元回归模式：

$$y=58.770+30.322x_1+4.278x_2-0.107x_3-0.776x_4-2.874x_5+0.147x_6 \tag{2-4}$$

式中 y——人口事故率（死亡人数/万人）；

x_1——交通工具机动化程度（辆/人）；

x_2——平均每平方千米道路长度（km/km^2）；

x_3——居住在城市中的人口比例（%）；

x_4——19 岁以下青少年所占人口比例（%）；

x_5——65 岁以上的老年人口比例（%）；

x_6——小客车与出租车在车辆中所占的比例（%）。

从公式（2-4）中可以看出这种方法需要大量的统计数据，并且由于受地域交通条件制约，可比性比较差。

4）时间序列分析法：该法以事故率随时间的变化情况作为交通安全水平评价的指标，其中欧波推荐了一个所谓心理学模型。即：

$$R_t=e^{\alpha t+\beta} \tag{2-5}$$

式中 R_t——第 t 年的车千米死亡率（%）；

t——时间（年）；

α、β——常数。

用时间序列法得出的评价结果与所选取的基准年份和时间长度密切相关，例如，德国 1990 年交通事故死亡人数为 7609 人，1970 年为 19193 人，1985 年为 8400 人。若以 1970 年为基准比较 1990 年的情况，则平均每年减少 579 人；若以 1985 年为基准，则平均每年减少 158 人，而如何正确选择基准年及时间长度，是一个很难回答的问题。

综上看来，概率数理统计法在统计上简单易行，但是对事故的分析过于简单，没有考虑不同道路交通条件的差别，使得评价结果往往缺乏科学性和说服力。

2.1.2　事故强度分析法

这种方法是在一些事故指标的基础上结合道路交通的其他因素，得出一个综合评判指标，然后以此作为评判依据对道路安全性能进行评价与研究，常用的指标是万车死亡数、10 万人死亡数、亿车千米事故数等，由于这些指标加入了相对参照数据，使不同道路的指标间的比较更加科学合理，特别是其中的万车死亡数和亿车千米事故数两项指标，由于不同地区、道路之间的其他因素差异比较小，因而具有较好的可比性，我国常采用事故强度指标 P 作为道路交通安全评价指标：

$$P=\frac{D_S}{\sqrt{D_c L}}\times 10^4 \tag{2-6}$$

式中　P——事故强度；

D_S——当量死亡人数（人）；

D_c——当量车辆数（辆）；

L——换算道路里程数（km）。

这种方法具有一定的科学性和可比性，能够间接地反映交通流的特点，并考虑了地理、气候、环境等相关因素的影响，但这种方法也有不足之处，不同的道路其交通条件是不同的，用较少的指标难以作准确的评价，另外用单一的指标值作为评价依据可信度比较低。

2.1.3　其他评价方法

目前道路交通安全评价的方法比较多，常见的除概率数理统计法和事故强度法之外，还包括神经网络法、层次分析法、模糊综合评价法、灰色理论分析法等其他评价方法。

通过对神经网络在化工等领域成功应用的借鉴，将神经网络应用到交通安全评价中来，用于对交通事故的预测。但由于交通事故是多种因素综合影响的结果，且因素之间有较为复杂的关系，因此在用于事故处理时具有局限性。1971 年美国研究员 Hayward 提出了用于交叉口安全评价的交通冲突时间法（即 TTC）。这是一种具体的、微观的交通安全评价方法，1998 年，张苏提出了中国交通冲突技术（Chinese Traffic Conflict Technique，简称 CTCT），建立了符合我国交通及冲突环境的冲突判别 TAC（Time to Accident Chinese）标准，但这种方法操作起来比较复杂。

模糊综合评价是在考虑多种因素的影响下，运用模糊数学工具对交通安全做出综合评价的方法，是把道路交通安全作为一个模糊问题来处理，采用模糊数学法建立道路安全水平评价模型，然后进行评价。单纯应用模糊综合评判法虽然可以为指标体系的选取提供一种量化工具，但对指标权重的确定缺乏有效的手段。

灰色评价方法运用灰色理论的非唯一性原理，通过对少量已掌握的部分信息的筛选、加工、延展和扩展等，将道路交通安全水平确定在某一灰域内，以评价道路交通安全的整体水平，道路交通安全灰色评价方法综合了多种因素的影响，算法清晰，能够真实地反映道路交通安全状况，实用性比较强，但同时评价过程比较复杂。

基于以上安全评价方法，还出现了基于集成法的道路交通安全评价法 DHGC，它是根据改进的 Delphi（德尔菲法）、Analytic Hierarchy Process（层次分析法）、Grey Clustering（灰色聚类）、Fuzzy Comprehensive Evaluating（模糊综合评价法）等的各自特点分别用于相应评价步骤的一种综合集成方法，这种方法集成了四种方法的优点并克服了各自的缺陷，引入 DHGF 进行交通安全等级评价，使交通安全等级这一概念数值化，有利于对其进行客观、公正的评价。但该方法还存在一定主观性，如评价指标判断矩阵及专家样本矩阵的确定等，因此该模型在实际应用中应不断得到修改和完善，使其更好地为交通安全评价服务。

道路交通安全评价是一个复杂的值得探讨的永恒课题，通过评价可以发现问题，并针对问题提出解决办法，只有这样才能实现交通安全、快捷和畅通。

2.2 长下坡路段道路安全影响因素分析

2.2.1 长下坡的界定

我国《公路工程技术标准》JTG B01—2003（以下简称“标准”）对公路最大纵坡和坡长的取值做了界定，表 2-1 中对纵坡和坡长取值的限制，主要考虑到汽车在爬坡时的动力性能，对于汽车在下坡时的安全性能欠缺考虑，故对于纵坡小于 3%的坡长没有限制，由此导致在很多地形条件受限区域，为了克服高差出现了连续的长下坡路段，这些路段平均纵坡在 3%左右，个别路段会出现 4%～5%的陡坡，这对行车安全是有很大影响的。

公路不同纵坡的坡长限制（m） 表 2-1

纵坡坡度(%)		3	4	5	6
设计速度(km/h)	60	1200	1000	800	600
	80	1100	900	700	500
	100	1000	800	600	—
	120	900	700	—	—

在连续长下坡路段，虽然线形设计满足《标准》要求，但是汽车长时间行驶在下坡路段往往会出现超速、制动失效的问题，给交通安全带来隐患，通常我们认为，平均纵坡在 3%以上，连续下坡坡长大于 5km 的路段为长下坡路段。

鉴于长下坡路段对交通安全影响巨大，下文对长下坡路段对交通安全的影响进行具体的分析，找出应对的策略，以期减少长下坡路段的交通事故。山区长大下坡路段一般是事故高发路段，由于高原、山区地形较为复杂，对道路的设计有很多限制，致使不少路段存在急弯、陡坡、连续下坡、视距不良和路侧险要等问题，从而成为事故高发路段。

2.2.2 坡度与交通安全的关系

国内外学者通过对交通事故与坡度关系的长期研究，得出了一致的结论，即道路纵坡对交通安全有很大影响，坡度较大的路段，事故率也相对较大。

苏联的统计资料证明，坡度越大，交通事故率越高，据其调查，发生在道路的坡度路段的交通事故在平原地区占7%，在丘陵地区占18%，在山区占25%。

由德国高速公路统计资料得出，事故率随下坡坡度代数值减小而增加，即下坡的坡度越陡事故率越高，并近似呈现线性关系，交通事故率（*AR*）与纵坡坡度的关系见表2-2。

下坡坡度与交通事故率 **表2-2**

坡度(%)	0～1.99	2～3.99	4～5.99	6～8.00
交通事故率(次数/亿车公里)	46.5	67.2	170	210.5

英国的Lied等人根据哥伦比亚省的主要双车道公路系统中的部分长路段建立了死伤事故的多变量模型，基于他们的模型，修正后的事故函数关系式为：

$$AMF(\Delta_{\%grade}) \cong 1+0.136\Delta_{\%grade}/\sqrt{Acc} \tag{2-7}$$

根据函数关系式，当把道路坡度从2.3%减到2.1%时，$\Delta_{\%grade}=-0.2\%$。纵坡2.3%事故率（*Acc*）为1.7accident/km，$AMF(-0.2)\cong 1+0.136(-0.2)/\sqrt{1.7}=0.979$。当纵坡2.1%时，事故率则为1.7×0.976=1.66，即事故率从1.7accident/km下降到了1.66accident/km，据此，坡度每改变1%，事故率大约改变10%。

美国联邦公路局（FHWA）的研究表明：双车道公路纵坡坡度值每增大1%，事故率约上升1.6%，研究建立纵坡坡度的AMF值，其与纵坡坡度呈现显著的正线性相关关系，见表2-3。

不同纵坡度的AMF值 **表2-3**

坡度(%)	0	2	4	6	8
*AMF*值	1	1.03	1.07	1.1	1.14

苏联巴布尔可夫根据十位不同国家研究者的统计资料取平均值，得出纵坡与坡度影响系数呈现显著的正线性相关关系，并给出了纵坡坡度对交通安全影响的系数表（见表2-4）。

纵坡坡度对交通安全影响系数表 **表2-4**

坡度(%)	2	3	4	5	7	8
坡度影响系数	1	1.3	1.75	2.5	3	4

日本及国内相关研究表明，下坡坡度在3%左右时事故率最低，坡度大于5%后，事故率将呈现急速上升的趋势，高速公路下坡路段，从1%坡度开始，事故率随着坡度绝对

值的增加呈指数变化趋势，当坡度大于3%后，事故率会急速上升。国内给出了不同坡坡度对事故率的不同影响，见表2-5。

不同坡度对事故率的影响　　表2-5

坡度 i(%)	对事故率影响	坡度 i(%)	对事故率影响
−1%～2%	纵坡对事故率无影响	−9%～11%	$K=1.4+0.2i$
−2%～9%	$K=-0.36+0.76i+0.04i^2$	−1%～11%	$K=0.16-0.88i-0.04i^2$

其中，K 为纵坡影响系数，i 为道路纵坡坡度，根据表2-5，可绘制纵坡影响系数与道路纵坡的关系图如图2-1所示：

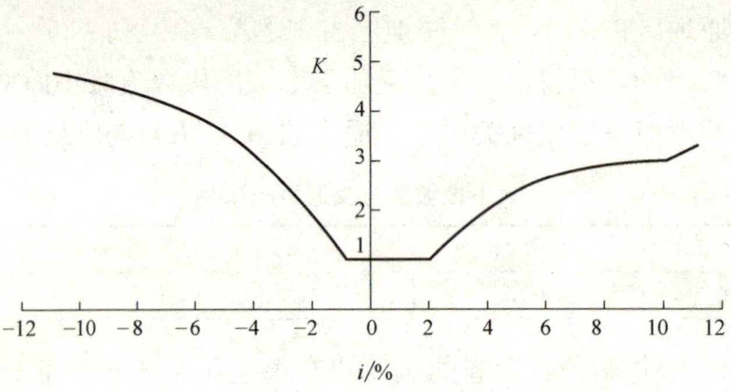

图2-1　影响系数 K 与道路纵坡 i 的关系

综上所述，纵坡过大，对于保持车辆的合理速度，维持连贯的驾驶状态有负面影响，当下坡坡段过陡时，易导致车辆的高速行驶，制动距离的加长等，更严重的会使车辆在下坡路段产生打滑，甚至可能造成车辆的翻覆。因此，坡度是交通安全的重要影响因素之一。

2.2.3　坡长与交通安全的关系

在长下坡路段，坡长对交通安全的影响是依赖于坡度对安全的影响的，坡长主要起到对坡度的影响加强或削弱的作用，坡长对交通安全的影响主要表现在：长陡下坡会造成加速度的积累，使车速过高而诱发事故；其次，过长的纵坡易使驾驶员对坡度判断失误，如长而陡的下坡路段连接一段较平缓的下坡时，驾驶员会误认为下一路段坡度为上坡，从而采取加速行驶的错误操作。

在我国规范中，最大纵坡和坡长的确定主要是考虑汽车的上坡动力性能，而对下坡路段的安全性考虑不够充分，于是导致在实际设计过程中，设计人员做出的符合《规范》、《标准》要求的多种纵断面设计不够合理，这种情况在长下坡路段尤其常见。由于山区地形起伏大，地质情况比较复杂，必须采用连续升坡或连续降坡展线的方法来克服高差，纵坡长度过短，会使行车频繁颠簸，甚至有可能产生颠簸的叠加共振，危及安全；同时，视觉上的这种锯齿形纵断面使得驾车者产生线形破碎、路线不连续、坡长渐小的感觉。由此，坡长过短对安全和美观都是不利的，纵坡长度过长同样也会增强安全隐患，坡长过大时，下坡时的车辆速度惯性加大，易形成超速驾驶，不利于安全。

根据机理分析，坡长对于行车安全的影响是与坡度共同作用的。当纵坡坡度值较小时，长纵坡带来的危害性不大，但当纵坡坡度值较大时，车辆惯性的累加效果将迅速增强，尤其在长大下坡更易形成超速驾驶，由此带来的安全隐患较大，因此，可看出坡长对交通安全也是有影响的。

2.3　长大下坡速度预测模型的建立

2.3.1　模型变量的确定

导致路段事故多发的原因是多方面的。事故多发路段除有一个主要的、突出的不安全因素外，还与其他一些次要的、隐性的因素的组合效应影响行车安全。据统计，大多数交通事故是由于驾驶员的失误或过失造成的，但在某些路段，事故数却过度引人注目得集中，而在几何特征匹配良好的路段却鲜有交通事故。这说明道路条件对交通安全起着重要作用。在道路交通系统中，人、车因素，如驾驶员在行驶过程中的心理、生理反应，车辆的技术状况，尽管会随时间变化，但在一个特定的时间段内其变化量较小。而由道路线形、路面、沿线景观、交通量等参量构成的道路交通环境要素等则随时间、地点的不同迅速变化。良好舒适的道路环境能够避免交通事故，反之则可能诱发交通事故。也就是说，道路环境是否与人、车保持协调对高速公路交通安全有重要影响。道路环境未能满足完全行车条件，往往会形成事故多发区。目前一些道路上存在的事故易发区、多发区，实际上就是不良的道路环境使道路交通系统不能满足安全行车条件所致，尤其在长下坡道路。

道路条件引发交通事故的一个重要原因，并不是道路设计没有达到设计规范的要求，或者不符合安全标准，造成这一现象的原因是多方面的。道路设计者在规划设计道路时，不但要考虑经济、技术因素，还要考虑施工、安全等因素。长大下坡路段造成事故多发的道路条件因素主要表现在：

（1）大货车在连续大下坡路段行驶一定时间后，由于制动次数频繁，使制动器发热而失效。小客车的驾驶员长时间行驶在长大下坡会产生速度感钝化，从而失去控制行驶速度的自主意识，进而超速驾驶。另外，如果道路两旁缺少可以判断车速的物体时，就会使驾驶员较多地相信自己的速度感觉，在不知不觉中车速已达到很高，从而导致车祸的发生。

（2）影响行车安全的往往不是单一的某一个指标，而常常是多个指标的综合作用。当设计的某些线形与实际地形、前后路段的线形发展不相配合时，即使它的各项线形指标都符合设计规范，也可能会影响行车的安全。

因此，道路条件是造成长大下坡路段事故多发的不可忽视的重要原因。

长安大学的周晓光曾就青海省湟倒一级公路建立了事故预测模型，以事故率为因变量，以道路的平均纵坡和坡长为自变量建立了模型，重在考虑道路线形中竖曲线影响因素，而忽略平曲线对长下坡段交通安全的影响。此外，长安大学的王玉兰也就青海省长下坡路段建立了速度预测模型，但是只以小客车的运行车速为因变量，以平均纵坡和坡长为自变量建立了预测速度公式，没有考虑其他车型以及平曲线要素对交通安全的影响，有一定的片面性。本文希望能综合考虑平纵线形要素的影响，通过分析各要素对大、小车不同车型车速的影响作用，合理的选取影响要素，建立速度预测模型。

综上所述，在建立速度预测模型时主要考虑道路线形的影响因素。通过上文对道路线形要素与交通安全关系的讨论，拟初步选用长下坡路段的平均纵坡、累计坡长、圆曲线半径作为模型建立的自变量。

2.3.2 模型的建立方法

影响运行车速变化的因素是多方面的，在建立车速预测模型的过程中，多元线性回归模型是常用的统计模型，但是它只是对复杂联系的简化，现实中的数据往往会违反模型的相应假设，如曲线关系、误差项不独立、应变量为分类数据等，所以本文采用非线性回归统计模型。设随机变量 y 与多个自变量 x_1、x_2、x_3、x_4…x_n 有线性关系，基本形式为：

$$y=a_0+a_1x_1+a_2x_2+a_3x_3+a_4x_4+\cdots+a_nx_n+\varepsilon \quad (2\text{-}8)$$

式中 $\varepsilon \sim N(0, \sigma^2)$；

a_0、a_1、a_2、a_3、a_4、……、a_n——未知参数。

在建立速度预测模型时，选择的因变量是第 85%位运行车速，选取的自变量为平均纵坡 $\bar{i}$、累计坡长 l、半径 R，其中累计坡长为测量点距连续纵坡起点的长度。首先，考虑公路线形单个要素即每个自变量对车速的影响时，常采用线性模型进行分布关系拟合，但当线性模型不能很好地描述车速与单个要素的关系时，要考虑采用曲线模型来进行拟合；其次，通过对单个要素与车速分布关系拟合的分析，调整或转换要素的形式，进行要素与运行车速的非线性回归的拟合。

2.3.2.1 模型形式的选择

当用线性模型不能很好地描述车速与单个要素的关系时，常考虑的几种曲线估计模型一般有以下几种：

Linear：一元线性函数（$y=b_0+b_1x$）；

Quadratic：二次函数（$y=b_0+b_1x+b_2x^2$）；

Compound：复合函数（$y=b_0 (b_1)^x$）；

Growth：生长函数：（$y=e^{(b_0+b_1x)}$）；

Logarithmic：对数函数（$y=b_0+b_1\ln x$）；

Cubic：三次函数（$y=b_0+b_1x+b_2x^2+b_3x^3$）；

S：S形曲线（$y=e^{(b_0+b_1/x)}$）；

Exponential：指数函数（$y=b_0e^{b_1x}$）；

Inverse：逆函数（$y=b_0+b_1/x$）；

Power：幂函数（$y=b_0+x^{b_1}$）；

Logistic：逻辑函数（$y=(1/u+b_0b_1x)^{-1}$）。

2.3.2.2 回归模型的检验

（1）拟合优度检验

1）样本判定系数 R^2

测定回归方程的拟合程度，使用多重判定系数，其定义为：

$$R^2=\frac{SSR}{SST}=1-\frac{SSE}{SST}=1-\frac{\sum(y-\hat{y})^2}{\sum(y-\overline{y})^2} \tag{2-9}$$

式中　SSR——回归平方和；

SSE——残差平方和；

SST——总离差平方和。

判定系数是对回归模型拟合程度的综合度量，判定系数越大，模型拟合程度越高，判定系数越小，则模型对样本的拟合程度越差。$0\leqslant R^2\leqslant 1$，$R^2$ 越接近于 1，回归拟合程度越高。

2）调整的判定系数 $\overline{R}^2$

判定系数 R^2 的大小受到自变量个数的影响。回归平方和会因自变量个数的增加而增大，从而使得调整的判定系数增大。在比较不同模型的拟合程度时，自变量个数不同，拟合程度则不同，增加自变量个数会使判定系数增大，但不足以表征模型拟合好坏。因此，在对含自变量个数不同的模型进行比较拟合时，应对判定系数进行调整：为避免自变量个数对拟合程度的影响，把残差平方和与总离差平方和之比的分子分母分别除以各自的自由度，变成均方差之比。调整的判定系数 $\overline{R}^2$ 为：

$$\overline{R}^2=1-\frac{SSE/(n-k-1)}{SST/(n-1)}=1-\frac{SSE}{SST}\cdot\frac{n-1}{n-k-1}=1-(1-R^2)\frac{n-1}{n-k-1} \tag{2-10}$$

由式（2-10）可以看出，$\overline{R}^2$ 考虑的是平均的残差平方和，而不是残差平方和，回归分析中，$\overline{R}^2$ 越大越好。

3）复相关系数

衡量自变量与因变量的线性相关程度，也可采用复相关系数检验。它可以由判定系数开平方求得，能比较实际地反映样本数据与预测数据间的相关程度。

（2）回归方程的显著性检验（F 检验）

回归方程的显著性检验一般采用 F 检验，利用方差分析的方法进行。F 统计量定义为：平均的回归平方和与平均的残差平方和（均方误差）之比，对于回归方程：

$$F=\frac{SSR/k}{SSE/(n-k-1)}=\frac{\sum(\hat{y}-\overline{y})^2/k}{\sum(y-\hat{y})^2/(n-k-1)} \tag{2-11}$$

式中　SSR——回归平方和；

SSE——残差平方和；

n——样本数；

k——自变量个数。

F 统计量服从第一自由度为 k，第二自由度为 $n-k-1$ 的 F 分布，即 $F\sim(k,\ n-k-1)$。从 F 统计量的定义式可以看出，如果 F 值较大，则说明自变量造成的因变量的变化大于随机因素对因变量造成的影响。F 统计量越显著，回归方程的拟合优度也越高。

利用 F 统计量进行回归方程显著性检验的步骤如下。

第一步，提出假设：

$$H_0: \beta_1=\beta_2=\cdots=\beta_k=0$$
$$H_1: \beta_j \text{不全为} 0 (j=1,2,\cdots k)$$

第二步，在 H_0 成立条件下，计算 F 统计量：

$$F=\frac{SSR/k}{SSE/(n-k-1)} \sim F(k,n-k-1) \tag{2-12}$$

由样本观测值，计算 F 值。

第三步，根据给定的显著性水平 α 确定临界值 $F_\alpha(k, n-k-1)$，或者计算所对应的相伴概率值（P）。

若 $F>F_\alpha(k, n-k-1)$（或者 $P<\alpha$），就拒绝 H_0 假设，认为所有自变量对因变量有显著影响，回归方程显著；

若 $F>F_\alpha(1, n-2)$（或者 $P>\alpha$），就接受 H_0 假设，认为所有自变量对因变量的线性影响不显著，回归方程不成立。

（3）回归参数的显著性检验（t 检验）

t 检验法可检验自变量对因变量是否有显著的线性作用。对于多元回归方程：

$$t=\frac{\beta_i}{S_{\beta i}} \sim t(n-k-1) \tag{2-13}$$

式中 n——样本大小；

$n-k-1$——自由度；

$S_{\beta i}$——回归系数 β_i 的标准误差。

可见，如果某个自变量的回归系数 β_i 的标准误差较大，必然得到一个相对较小的 t 值，表明该自变量解释说明因变量变化的能力较差。因此，当某个自变量的 t 值小到一定程度时，该自变量就不应保留在回归方程中。

t 检验的基本步骤如下：

第一步：提出假设 H_0：$\beta_i=0$（$i=1$，2，$\cdots k$）；
H_1：$\beta_i\neq0$（$i=1$，2，$\cdots k$）

第二步：在 H_0 成立的条件下，计算 t 统计量；

第三步：给定显著水平 α，查表得临界 $t_{\frac{\alpha}{2}}$（$n-k-1$）（或者计算 t 值所对应的相伴概率值 P 值）：

若 $|t|>t_{\frac{\alpha}{2}}$（$n-k-1$）（或者 $P<\alpha$），H_0 为假，此自变量对因变量有显著线性作用；

若 $|t|<t_{\frac{\alpha}{2}}$（$n-k-1$）（或者 $P>\alpha$），H_0 为真，此自变量对因变量线性作用不显著。

2.3.3 数据采集

2.3.3.1 实验目的

本论文主要研究的是西汉高速涝峪长大下坡路段。通过实地采集长大下坡路段不同地点的实际运行车速，来分析该长大下坡路段的运行速度的分布规律，进而客观准确地建立运行车速与纵坡度、坡长以及半径的关系模型。

2.3.3.2　实验方法

实验人员使用雷达测速仪在不同点位对大、小车进行速度测量并记录车速数据。

对于每个测量点，为了控制测量的运行速度值的精度，需要控制其样本量，即要对每个测量点处车速调查所需观测的最小辆数要进行控制，采用式（2-14）计算确定。

$$n=(\sigma K/E)^2 \tag{2-14}$$

式中　n——最小样本量；

E——车速观测值允许误差（km/h），其值取决于平均车速要求的精度，一般可取 $E=2.5$km/h。根据测速仪的性能，以及实验要求，本次调查车速观测值允许误差取 $E=2.5$km/h。

K——置信度水平系数，正态分布的 K 值如表 2-6 所示。

K 值取值表　　**表 2-6**

置信水平(%)	68.3	86.6	90	95	95.5	98.8	99.7
K	1	1.5	1.64	1.96	2	2.5	3

当置信水平取 95%时，K 为 1.96，计算出的最小样本量值为 70；考虑到实际情况，由于野外调查工作量以及费用的限制，可在保证观测精度的前提下，对样本数放宽要求，但在任何情况下，最小样本量不得小于 30。

2.3.3.3　速度数据分析

运行车速是在理想状态下，路段上测定的第 85%位车速。目前的实验手段不可能采集路段上所有车辆的车速数据，所以不能通过简单的排序来获得任一路段的 $v_{85\%}$。车速数据是随机抽样得到的，本文采用样本对车速总体分布进行统计推断，并对估计假设检验，根据车速的总体分布来计算累计分布频率估测 $v_{85\%}$，由此影响车速的因素随机作用的结果在计算中就得以体现，同时避免了插值法所带来的弊端。

概率论中的中心极限定理有广泛的实际应用背景，它表明，在自然界与生产中，一些现象受到许多相互独立的随机因素的影响，如果每个因素所产生的影响都很微小时，总的影响可以看作是服从正态分布的。根据中心极限定理，可把速度看作是一个随机变量，它是一种连续型分布，受公路几何条件、交通状况、路侧环境、车辆以及驾驶员等多种因素的影响，是这些因素综合作用的结果，故假设速度服从正态分布，对此进行检验。

对车速是否符合正态分布，本文在采用单样本正态分布的柯尔莫哥洛夫斯米诺夫检验法（Kolmogorov Smimov Test，简称 K-S 检验）进行检验的同时，辅以概率图（P-P 图）检验。K-S 检验法为拟合优度检验，可以检验样本数据是否服从指定的理论分布，假设 $F_0(x)$ 是已知的分布函数，$F_n(x)$ 是未知的总体分布函数 $F(x)$ 的一个较优的估计，取检验统计量：

$$D=\max|F_n(x)-F_0(x)| \tag{2-15}$$

则样本数据服从指定分布（即 $F(x)=F_0(x)$）时，D 的观测值应该较小，如果 D 的观测值较大，则零假设可能不成立。

P-P 概率图是以样本的累计频率作为横坐标，以按照正态分布计算的相应累计概率作为纵坐标，把样本值表现为直角坐标系中的散点。如果资料服从正态分布，则样本点应该围绕第一象限的对角线分布。

以桩号 K37＋310 处收集到的运行车速数据进行是否符合正态分布的检验。

大、小车的 K-S 检验结果见表 2-7：

大、小车正态分布 K-S 检验结果 **表 2-7**

	大车	小车		大车	小车
N	81	67	Differences Positive	0.075	0.099
Normal Parameters mean	49.77	74.07	Negative	0.058	0.066
Std. Deviation	9.917	15.573	Kolmogorov smirnov Z	0.679	0.814
Most Extreme Absolute	0.075	0.099	Asymp Sig(2-tailed)	0.764	522

输出结果表明：大车车速的均值为 49.77，标准差为 9.971。$D(x)$ 的最大绝对值 0.075，$D(x)$ 的最大正值是 0.075，最小负值是－0.058。根据 $D(x)$ 计算出的 K-S 的 Z 统计量为 0.679，对应的相伴概率值为 0.746，大于显著水平 0.05，因此不能拒绝零假设，可以认为该点大车运行车速服从正态分布；小车车速的均值为 74.07，标准差为 17.573。$D(x)$ 的最大绝对值 0.099，$D(x)$ 的最大正值是 0.099，最小负值是－0.066。根据 $D(x)$ 计算出的 K-S 的 Z 统计量为 0.814，对应的相伴概率值为 0.522，也大于显著水平 0.05，因此不能拒绝零假设，可以认为该点小车运行车速服从正态分布。

P-P 概率图中的斜线是正态分布的标准线，散点是实测数据，散点越接近直线，表示数据分布越接近正态。从大、小车的 P-P 概率图可以看出，车速数据很接近直线，故认为运行车速服从正态分布，见图 2-2。

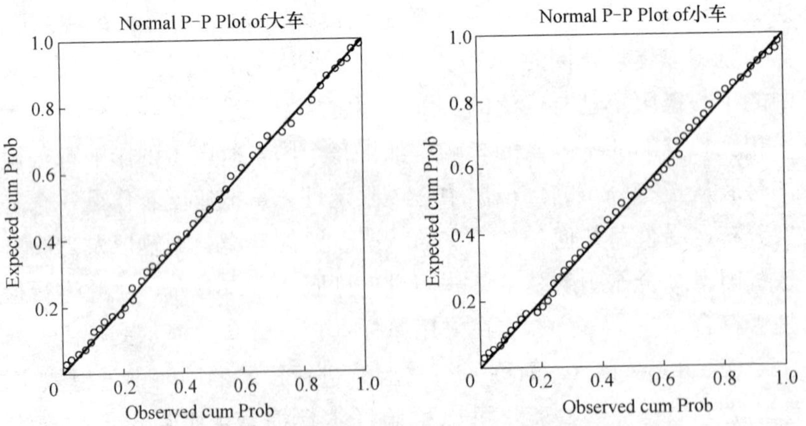

图 2-2　大、小车 P-P 车速分布正态概率图

2.3.3.4　数据整理记录

根据设计资料及测量数据统计出了涝峪段的设计桩号、大小车第 85％位运行车速、

半径、纵坡的坡度、平均纵坡坡度、累计坡长等相关数据。本路段研究的长大下坡路段为 K36+650～K56+480，见统计表 2-8：

长下坡路段设计资料统计表　　表 2-8

设计桩号	大车 $v_{85\%}$ (km/h)	小车 $v_{85\%}$ (km/h)	纵坡 (%)	平均坡度 (%)	累计坡长 (km)	半径 (km)
K35+440	84	100	1	2.97	23.43	≥1
K36+180	69	81	1.6	3.02	22.65	0.595
K36+650	65	85	3.4	3.05	22.22	0.295
K37+310	71	87.6	1.9	3.04	21.56	0.62
K37+410	84	100	1.9	3.05	21.46	≥1
K38+190	71	90	2.8	3.09	20.68	≥1
K38+940	67	85	0.6	3.11	19.93	≥1
K39+290	84	92	1.2	3.15	19.58	≥1
K40+060	61	90	3.1	3.19	18.81	0.44
K40+355	66	89	3.1	3.2	18.52	0.295
K40+520	76	98	3.1	3.19	18.35	0.21
K40+650	63	88	2	3.21	18.22	0.21
K41+240	77	93	4	3.23	17.63	0.7
K41+280	63.85	88	4	3.25	17.67	0.7
K41+770	66	92	1.2	3.23	17.1	0.7
K42+150	70	90	2.4	3.25	16.72	0.59
K43+910	67	80	2.2	3.39	14.96	≥1
K44+490	71	85	2.8	3.43	14.38	≥1
K45+405	53.7	86	3.8	3.43	13.47	≥1
K45+790	59.4	85.05	2.9	3.42	13.08	0.36
K46+910	60	85.05	1.6	3.5	11.96	≥1
K48+000	56	79.7	2.1	3.65	10.87	≥1
K48+120	60	82	2.1	3.68	10.75	≥1
K49+720	59	74	4	3.8	9.15	0.4
K50+540	62.1	80	2.7	3.9	8.33	≥1
K51+100	58	86	2.6	3.99	7.77	0.58
K53+360	61.7	88	3	4.13	5.29	≥1
K53+580	64	96.7	3	4.13	5.29	≥1
K53+800	59	72	4.5	4.19	5.07	0.38
K53+850	63	86	4.5	4.18	5.02	≥1
K54+100	58.85	85	2.8	4.14	4.43	0.6
K54+440	63.85	85	2.8	4.19	4.27	0.34
K54+600	59	84	2.8	4.19	4.27	0.34
K54+900	57.45	86	4.3	4.11	3.97	0.34
K55+100	65.7	93	4.3	4.25	3.44	≥1
K55+430	60.85	90	2.8	4.25	3.44	0.26
K56+480	58.85	78	3	4.45	2.39	0.35
K57+160	61	87	5	4.48	1.71	0.36

2.3.4 非线性回归速度预测模型的建立

在建立速度预测模型时，选择的因变量是大车和小车的第85%位运行车速，自变量为平均纵坡 $\bar{i}$、累计坡长 l、半径 R，要确定模型的形式，首先用曲线拟合来确定自变量与因变量之间的关系情况。

通过曲线拟合图（图2-3）以及参数估计表（表2-9）可以看出，大车第85%位车速与平均纵坡有一定的关系，但是样本判定系数 R^2 比较低，曲线拟合度不够高，所以将其进一步划分为直线段和曲线段进行研究。由于大、小车第85%位车速与其他自变量的拟合度同样不够高，所以图表不在此一一列举。

2.3.4.1 道路直线段速度预测模型的建立

因驾驶员行驶在大半径曲线上的状态接近于在直线上的状态，因此将半径不小于1000m的路段粗略地划为直线段。将收集到的在半径不小于1000m路段上的大小车第85%位运行车速输入到SPSS软件中，分析并获得相关的曲线拟合图以及非线性回归模型。

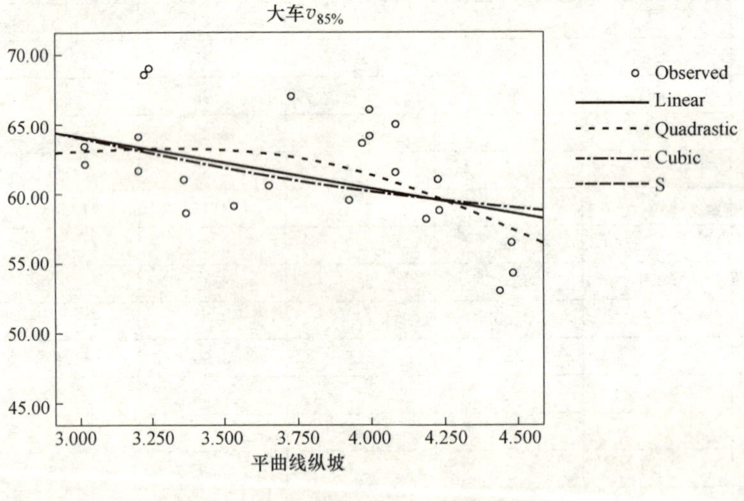

图2-3 大车车速与平均纵坡曲线模型拟合图

大车 $v_{85\%}$ 模型参数估计表 表2-9

Equation	Model Summary					Parameter Estimate			
	R Square	F	df1	df2	Sig	Constant	b1	b2	b3
Linear	0.243	7.025	1	22	0.014	799.163	−4.943	—	—
Quadratic	0.259	3.667	2	21	0.43	22.552	25.926	−4.139	—
Cubic	0.264	3.763	2	21	0.04	51.356	0	3.514	−7.41
S	0.231	6.615	1	22	0.017	3.804	1.097	—	—

（1）大车速度预测模型建立

利用SPSS的曲线拟合模块，对大车 $v_{85\%}$ 与平均纵坡的分布关系进行拟合，如图2-4

所示。由表 2-10 可以看出，平方曲线拟合的 R^2 为 0.652，比较大，且 F 值的显著性概率为 0.001，小于显著性水平 $\alpha=0.05$，说明平方曲线拟合显著，选定 $\bar{i}$ 为自变量。

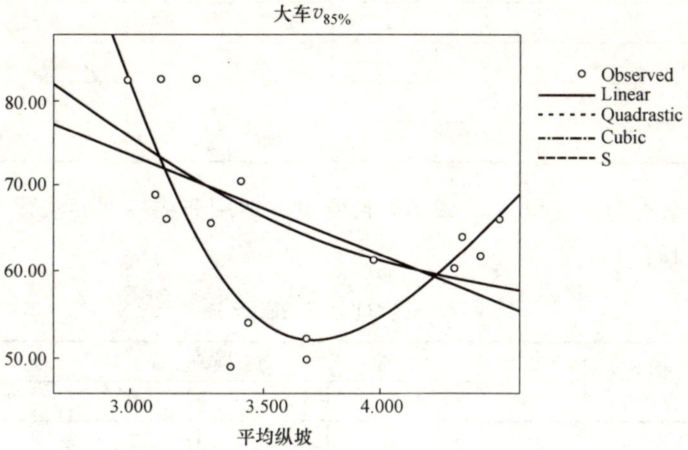

图 2-4　大车运行车速与平均纵坡曲线模型拟合图

曲线回归模型拟合比较表　　　　**表 2-10**

Equation	Model Summary					Parameter Estimate			
	R Square	F	df1	df2	Sig	Constant	b1	b2	b3
Linear	0.356	8.285	1	15	0.011	113.814	−13.064	—	—
Quadratic	0.652	13.117	2	14	0.001	554.779	−259.976	—	—
Cubic	0.652	13.117	2	14	0.001	554.779	−259.976	34.104	—
S	0.393	9.724	1	15	0.007	3.483	2.520	34.104	0.000

利用 SPSS 的曲线拟合模块，对大车 $v_{85\%}$ 与坡长的分布关系进行拟合，如图 2-5 所示。由表 2-11 可以看出，三次方曲线拟合的 R^2 为 0.678，比较大，且 F 值的显著性概率为 0.002，小于显著性水平 $\alpha=0.05$，说明三次方曲线拟合显著，选定 l 为自变量。

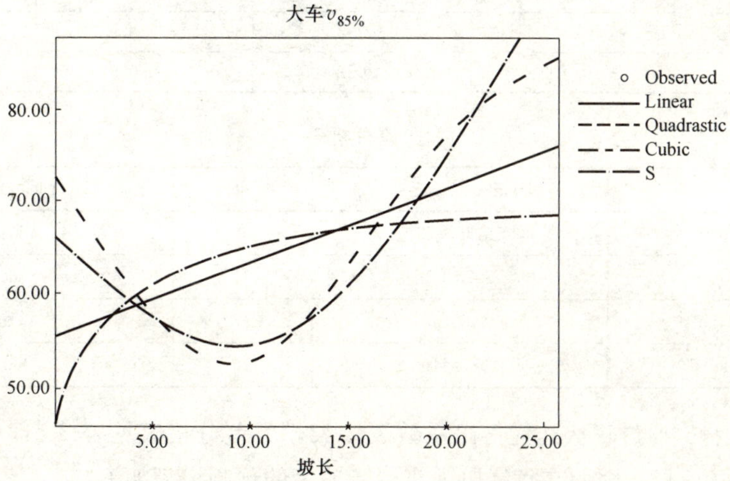

图 2-5　大车运行车速与坡长曲线模型拟合图

曲线回归模型拟合比较表　　表 2-11

Equation	Model Summary					Parameter Estimate			
	R Square	F	df1	df2	Sig	Constant	b1	b2	b3
Linear	0.466	13.102	1	15	0.003	54.121	1.010	—	—
Quadratic	0.667	13.991	2	14	0.000	71.105	−2.204	0.120	—
Cubic	0.678	9.127	3	13	0.002	80.949	−5.310	0.387	−0.007
S	0.147	2.582	1	15	0.129	4.282	−0.780	—	—

以大车运行车速为因变量，以 $\bar{i}$、l 为自变量，运用非线性回归法建立速度预测模型，回归结果见表 2-12：

迭代过程记录表　　表 2-12

Iteration Number	Residual Sum of squares	Parameter					
		A	B	C	D	E	F
1	5.00E+08	1	1	1	1	1	1
1.1	397.72	−1073.135	595.198	−75.102	−12.955	1.077	−0.018
2	397.72	−1073.135	595.198	−75.102	−12.955	1.077	−0.018
2.1	397.702	−1102.34	612.339	−77.448	−13.371	1.102	−0.019
3	397.702	−1102.34	612.339	−77.448	−13.371	1.102	−0.019
3.1	397.702	−1102.354	612.347	−77.448	−13.371	1.102	−0.019

系数表　　表 2-13

Parameter	Estimate	Std. Error	95%Confidence Interval	
			Lower Bound	Upper Bound
A	−1102.354	1490.366	−4382.628	2177.92
B	612.347	874.528	−1312.477	2537.171
C	−77.449	120.355	−342.35	187.451
D	−13.371	23.074	−64.157	37.414
E	1.102	1.332	−1.829	4.033
F	−0.019	0.022	−0.066	0.029

方差分析表　　表 2-14

Source	Sum of Squares	df	Mean Squares
Regression	78135.778	6	13022.63
Residual	397.702	11	36.155
Uncorrected Total	78533.48	17	4619.616
Corrected Total	1387.419	16	86.714

从表 2-12 看出通过三次迭代得出系数表 2-13，方差分析表见表 2-14，回归后的样本判定系数 R^2 为 0.713。因此在直线段大车运行速度的预测模型如下：

$$v=-1102.354+612.347\bar{i}-77.449\bar{i}^2-13.371l+1.102l^2-0.019l^3 \tag{2-16}$$

式中　v——大车车速（km/h）；

$\bar{i}$——平均纵坡（%）；

l——累计坡长（m）。

（2）小车速度预测模型建立

利用 SPSS 的曲线拟合模块，对小车 $v_{85\%}$ 与平均纵坡的分布关系进行拟合，如图 2-6 所示。由表 2-15 可以看出，二次、三次方曲线拟合的 R^2 为 0.607，比较大，且 F 值的显著性概率都为 0.001，小于显著性水平 $\alpha=0.05$，说明二次、三次方曲线拟合显著，为了降低方程的复杂度，选用二次方程曲线拟合，选定了为自变量。

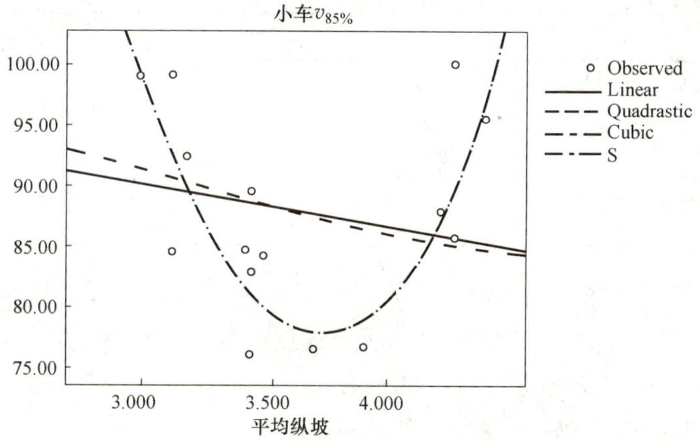

图 2-6　小车运行车速与平均纵坡曲线模型拟合图

曲线回归模型拟合比较表　　**表 2-15**

Equation	Model Summary					Parameter Estimate			
	R Square	F	df1	df2	Sig	Constant	b1	b2	b3
Linear	0.045	0.712	1	15	0.412	99.748	−3.265	—	—
Quadratic	0.607	10.816	2	14	0.001	524.961	−241.356	32.885	—
Cubic	0.607	10.816	2	14	0.001	524.961	−241.356	32.885	0
S	0.078	1.272	1	15	0.277	4.302	0.612	—	—

以小车运行车速为因变量，以 $\bar{i}$、l 为自变量，运用非线性回归法建立速度预测模型，回归结果如下：

迭代过程记录表　　**表 2-16**

Iteration Number	Residual Sum of squares	Parameter				
		A	B	C	D	E
1	861713.52	1	1	1	1	1
1.1	219.232	424.975	−90.431	4.734	−9.28	0.218
2	219.232	424.975	−90.431	4.734	−9.28	0.218
2.1	219.232	424.898	−90.389	4.728	−9.28	0.219

系数表 表 2-17

Parameter	Estimate	Std. Error	95% Confidence Interval	
			Lower Bound	Upper Bound
A	424.898	526.749	−722.79	1572.585
B	−90.389	291.033	−724.496	543.718
C	4.728	39.713	−81.8	91.256
D	−9.28	6.024	−22.406	3.845
E	0.219	0.18	−0.173	0.61

方差分析表 表 2-18

Source	Sum of Squares	df	Mean Squares
Regression	132531.7	5	26506.35
Residual	219.232	12	18.269
Uncorrected Total	132751	17	—
Corrected Total	680.241	16	—

从表 2-16 看出通过两次迭代得出系数表 2-17，方差分析表见表 2-18，回归后的样本判定系数 R^2 为 0.678。因此在直线段小车运行速度的预测模型如下：

$$v=424.898-90.389\bar{i}+4.728\bar{i}^2-9.280l+0.219l^2 \tag{2-17}$$

式中 v——小汽车车速（km/h）；

i——纵坡坡度（%）；

l——累计坡长（m）。

2.3.4.2 曲线段速度预测模型的建立

（1）大车速度预测模型建立

利用 SPSS 的曲线拟合模块，对大车 $v_{85\%}$ 与平均纵坡的分布关系进行拟合，如图 2-7 所示。由表 2-19 可以看出，二次、三次方曲线拟合的 R^2 都为 0.508，比较大，且 F 值的显著性概率都为 0.001，小于显著性水平。$\alpha=0.05$，曲线拟合显著。为了简化方程复杂

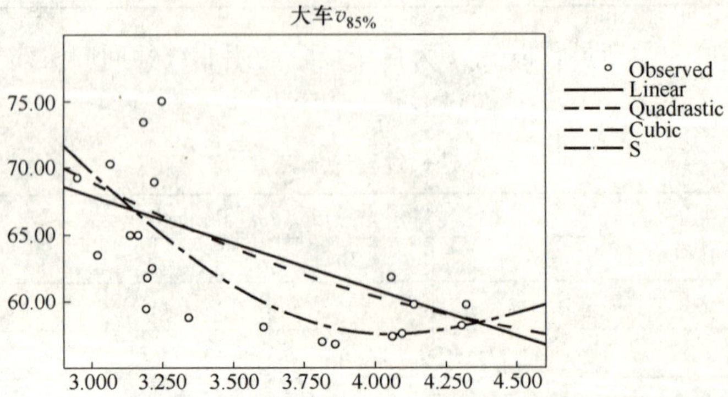

图 2-7 大车运行车速与平均纵坡曲线模型拟合图

度，选用二次方程曲线拟合，选定 $\bar{i}$ 为自变量。

曲线回归模型拟合比较表　　**表 2-19**

Equation	Model Summary					Parameter Estimate			
	R Square	F	df1	df2	Sig	Constant	b1	b2	b3
Linear	0.456	16.791	1	20	0.001	90.57	−7.366	—	—
Quadratic	0.508	9.791	2	19	0.001	208.8	−72.333	—	—
Cubic	0.508	9.825	2	19	0.001	168.999	−39.867	8.751	—
S	0.496	19.682	1	20	0	3.716	1.556	0	0.78

利用 SPSS 的曲线拟合模块，对大车 $v_{85\%}$ 与坡长分布关系进行拟合，如图 2-8 所示。由表 2-20 可以看出，三次方曲线拟合的 R^2 为 0.526，比较大，且 F 值的显著性概率为 0.003，小于显著性水平 $\alpha=0.05$，曲线拟合显著，选用二次方程曲线拟合，选定 l 为自变量。

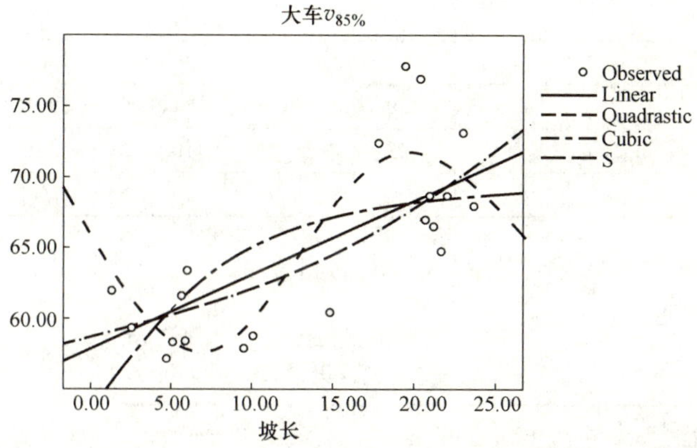

图 2-8　大车运行车速与坡长曲线模型拟合图

曲线回归模型拟合比较表　　**表 2-20**

Equation	Model Summary					Parameter Estimate			
	R Square	F	df1	df2	Sig	Constant	b1	b2	b3
Linear	0.456	17.388	1	20	0	57.367	0.523	—	—
Quadratic	0.471	8.445	2	19	0.002	58.53	0.209	0.013	—
Cubic	0.526	6.645	3	18	0.003	65.109	−2.405	0.256	−0.006
S	0.247	6.55	1	20	0.019	4.197	−0.304	—	—

利用 SPSS 的曲线拟合模块，对大车 $v_{85\%}$ 与半径分布关系进行拟合，如图 2-9 所示。由表 2-21 可以看出，二次和三次方程的 R^2 比较大，但二次方程拟合的 F 值显著性概率为 0.008，小于三次方程的显著性概率 0.013，因此二次曲线较三次曲线的拟合更显著，选用二次方程曲线拟合，选定 R 为自变量。

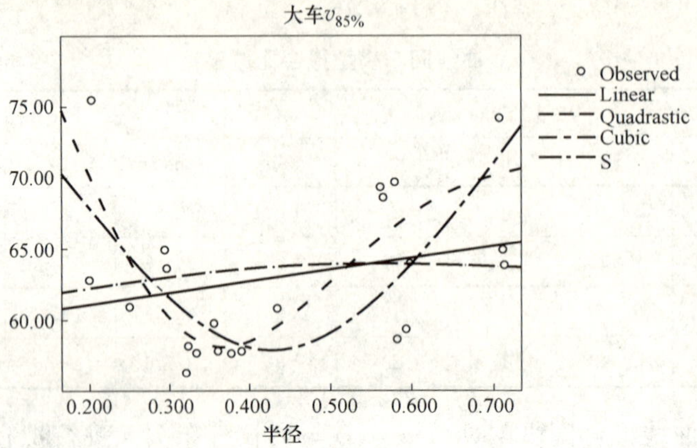

图 2-9 大车运行车速与半径的曲线模型拟合图

曲线回归模型拟合比较表 **表 2-21**

Equation	Model Summary					Parameter Estimate			
	R Square	F	df1	df2	Sig	Constant	b1	b2	b3
Linear	0.076	1.647	1	20	0.214	59.478	−9.531	—	—
Quadratic	0.4	6.325	2	19	0.008	90.062	−139.942	—	—
Cubic	0.44	4.723	3	18	0.013	116.248	−342.106	160.41	—
S	0.004	0.082	1	20	0.777	4.166	−0.005	641.522	355.372

以大车运行车速为因变量，以 $\bar{i}$、l、R 为自变量，运用非线性回归法建立速度测模型，回归结果见表 2-22：

迭代过程记录表 **表 2-22**

Iteration Number	Residual Sum of Squares	Parameter							
		A	B	C	D	E	F	G	H
1	7.00E+08	1	1	1	1	1	1	1	1
1.1	238.903	384.789	−134.38	14.816	−1.251	−0.022	0.001	−82.621	95.749
2	238.903	384.789	−134.38	14.816	−1.251	−0.022	0.001	−82.621	95.749
2.1	238.901	380.021	−131.885	14.498	−1.305	−0.018	0.001	−82.352	95.473
3	238.901	380.021	−131.885	14.498	−1.305	−0.018	0.001	−82.352	95.473
3.1	238.901	380.027	−131.888	14.498	−1.305	−0.018	0.001	−82.352	95.474

系数表 **表 2-23**

Parameter	Estimate	Std. Error	95%Confidence Interval	
			Lower Bound	Upper Bound
A	380.027	531.794	−768.844	1528.897
B	−131.888	276.334	−728.871	465.096
C	14.498	35.356	−61.884	90.881

续表

Parameter	Estimate	Std. Error	95%Confidence Interval	
			Lower Bound	Upper Bound
D	−1.305	6.872	−16.151	13.541
E	−0.018	0.532	−1.167	1.132
F	0.001	0.011	−0.23	0.025
G	−82.352	56.107	−203.563	38.86
H	95.474	60.003	−34.154	225.102

方差分析表 **表 2-24**

Source	Sum of Squares	df	Mean Squares
Regression	86634.471	8	10829.309
Residual	238.901	13	18.377
Uncorrected Total	86873.373	21	—
Corrected Total	646.043	20	—

从表 2-22 看出通过三次迭代得出系数表 2-23，方差分析表见表 2-24，回归后的样本判定系数 R^2 为 0.630。因此在曲线段大车运行速度的预测模型如下：

$$v=380.027-131.888\bar{i}+14.498\bar{i}^2-1.305l-0.018l^2+0.001l^3-82.352R+95.474R^2 \tag{2-18}$$

其中 v——大车车速（km/h）；

$\bar{i}$——平均纵坡（%）；

l——累计坡长（m）；

R——半径（km）。

（2）小车速度预测模型建立

利用 SPSS 的曲线拟合模块，对小车运行车速与平均纵坡的分布关系进行拟合，如图 2-10 所示。虽然从图中看曲线拟合的趋势并不显著，但是由表 2-25 可以看出，线性拟合的 F 值伴随概率为 0.022，小于 0.05，有统计意义，所以选定了为自变量。

曲线回归模型拟合比较表 **表 2-25**

Equation	Model Summary					Parameter Estimate			
	R Square	F	df1	df2	Sig	Constant	b1	b2	b3
Linear	0.237	6.216	1	20	0.022	106.89	−5.835	—	—
Quadratic	0.241	3.017	2	19	0.073	142.79	−25.562	2.657	0
Cubic	0.243	3.048	2	19	0.071	135.63	−17.745	0	0.286
S	0.235	6.143	1	20	0.022	4.187	0.932	—	—

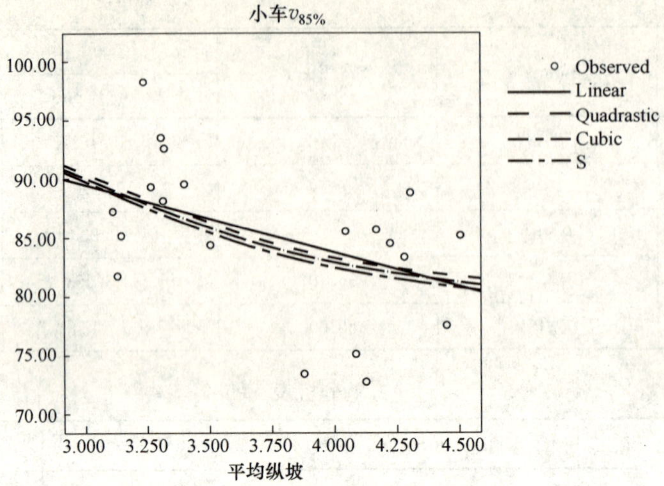

图 2-10　小车运行车速与平均纵坡的曲线模型拟合图

利用 SPSS 的曲线拟合模块，对小车运行车速与坡长的分布关系进行拟合，如图 2-11 所示。由表 2-26 可以看出，三次方程曲线拟合的 R^2 为 0.504，其 F 值伴随概率为 0.005，小于显著性水平 $\alpha=0.05$，有统计意义，所以选定 l 为自变量。

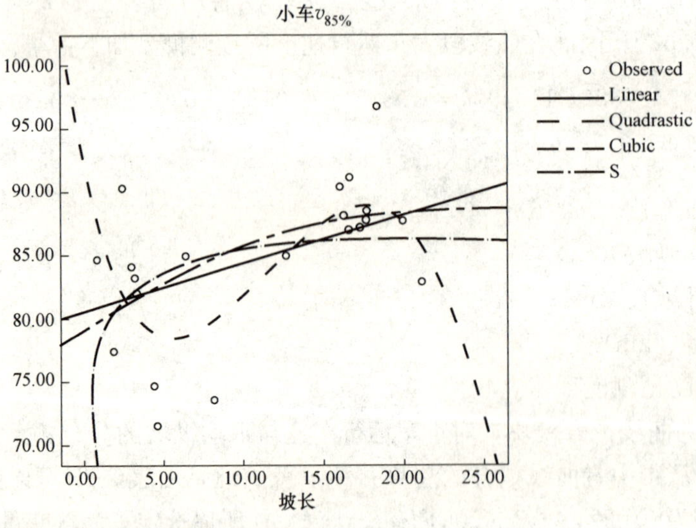

图 2-11　小车运行车速与坡长的曲线模型拟合图

曲线回归模型拟合比较表　　**表 2-26**

Equation	Model Summary					Parameter Estimate			
	R Square	F	df1	df2	Sig	Constant	b1	b2	b3
Linear	0.206	5.188	1	20	0.034	80.977	0.383	—	—
Quadratic	0.216	2.622	2	19	0.099	79.229	0.856	−0.02	—
Cubic	0.504	6.105	3	18	0.005	95.788	−5.724	0.592	−0.016
S	0.079	1.707	1	20	0.206	4.47	−0.149	—	—

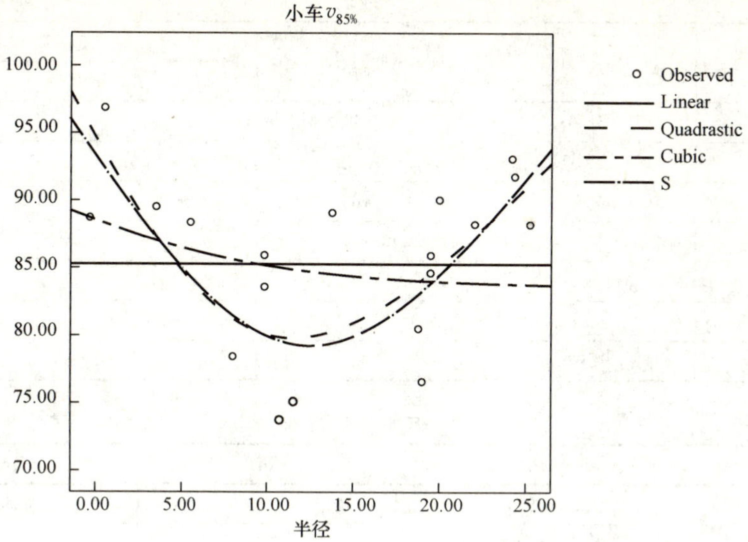

图 2-12　小车运行车速与半径的曲线模型拟合图

曲线回归模型拟合比较表　　　　**表 2-27**

Equation	Model Summary					Parameter Estimate			
	R Square	F	df1	df2	Sig	Constant	b1	b2	b3
Linear	0	0.005	1	20	0.945	85.399	0.592	—	—
Quadratic	0.397	6.242	2	19	0.008	122.595	−181.192	195.086	—
Cubic	0.4	3.999	3	18	0.024	130.942	−245.639	348.457	−113.287
S	0.031	0.648	1	20	0.43	4.414	0.013	—	—

利用 SPSS 的曲线拟合模块，对小车运行车速与半径的分布关系进行拟合，如图 2-12 所示。由表 2-27 可以看出，二次、三次方程曲线拟合的 R^2 相差不大，但二次方程拟合的 F 值伴随概率为 0.008，小于三次方程的 F 值伴随概率 0.024，拟合更为显著且有统计意义，所以确定小车运行车速与半径呈二次方分布，选定 R 为自变量。

以小车运行车速为因变量，以 $\bar{i}$、l、R 为自变量，运用非线性回归法建立速度预测模型，回归结果如下：

从表 2-28 看出通过三次迭代得出系数表 2-29，方差分析表见表 2-30，回归后的样本判定系数 R^2 为 0.637。因此在曲线段小车运行速度的预测模型如下：

$$v=261.670-32.262\bar{i}-7.963l+0.504l^2-0.012l^3-88.907R+95.535R^3 \quad (2\text{-}19)$$

迭代过程记录表　　　　**表 2-28**

Iteration Number	Residual Sum of Squares	Parameter						
		A	B	C	D	E	F	G
1	7.00E+08	1	1	1	1	1	1	1
1.1	301.831	261.686	−32.262	−7.961	0.504	−0.012	−89.015	95.65
2	301.831	261.686	−32.262	−7.961	0.504	−0.012	−89.015	95.6501
2.1	301.831	261.67	−32.262	−7.963	0.504	−0.012	−88.907	95.535
3	301.831	261.67	−32.262	−7.963	0.504	−0.012	−88.907	95.535

系数表 表 2-29

Parameter	Estimate	Std. Error	95%Confidence Interval	
			Lower Bound	Upper Bound
A	261.67	96.51	55.963	467.377
B	−32.262	20.892	−76.791	12.268
C	−7.963	3.167	−14.713	−1.213
D	−0.504	0.201	0.076	0.932
E	−0.012	0.005	−0.023	−0.001
F	−88.907	55.339	−206.86	29.046
G	95.535	59.438	−31.154	222.223

方差分析表 表 2-30

Source	Sum of Squares	df	Mean Squares
Regression	161979.4	7	23139.919
Residual	301.831	15	20.122
Uncorrected Total	162281.3	22	—
Corrected Total	831.007	21	—

式中 v——小汽车运行速度（km/h）；

$\bar{i}$——平均坡度（%）；

l——累计坡长（m）；

R——半径（km）。

2.3.4.3 模型验证

再次实地采集西汉高速长下坡路段的大、小车车速数据，与运用预测模型所计算得到的数值进行对比检验，如表 2-31 所示。

运行车速测量值与预测值对比验证表 表 2-31

桩号	纵坡（%）	半径（km）	坡长（km）	平均纵坡（%）	大车测量值（km/h）	小车测量值（km/h）	大车预测值（km/h）	小车预测值（km/h）
K49+120	4.00	0.51	9.75	3.81	56.00	74.00	57.31	77.41
K49+970	2.00	≥1	8.90	3.79	62.00	87.00	60.85	85.00
K51+330	2.60	≥1	7.54	4.04	61.00	74.00	61.12	79.37
K52+550	4.50	0.73	6.30	4.15	60.00	78.00	64.43	80.57
K54+020	4.50	≥1	4.85	4.18	59.00	82.00	62.94	89.82
K55+540	2.80	≥1	3.33	4.30	66.00	90.00	65.70	95.17
K56+670	5.00	0.35	2.20	4.60	60.50	83.00	60.04	78.64
K57+740	4.60	0.46	1.13	4.60	61.00	87.00	60.94	84.21

从表 2-31 中可以看出，利用预测模型计算出的预测值与实测值有一定的差距，主要是因为模型建立过程难免存在误差，但是运行车速的测量值与预测值相差不大，可以粗略表现出汽车行驶在道路上的速度状态。

2.4　长下坡路段安全评价

交通安全评价是对某一地区、路线、路段或地点（断面）的交通安全程度的评估，是对交通安全情况的客观描述，同时也为客观分析道路条件提供了重要的依据。客观公正的道路交通安全评价对道路规划、设计与运行管理等各方面都具有重要意义。

2.4.1　系统聚类分析法分析原理

系统聚类分析法是聚类分析中应用最为广泛的一种方法，其基本原理是：首先将一定数量的样本或指标各自看成一类，然后根据样本或指标的亲疏程度，将亲疏程度最高的两类进行合并；其次考虑合并后的类与其他类的亲疏程度，再进行合并，重复这一过程，直至将所有的样本或指标合并为一类。采用这种方法，对长下坡路段的道路安全进行评价，选取相应指标，对长下坡段不同点进行归类总结，排列出其相对安全等级级别，对道路的维护改善提供一定的参考。

2.4.1.1　距离和相似系数

系统聚类分析法是根据样本或指标之间的亲疏程度来进行合并的，而衡量亲疏程度的指标有两种，即距离和相似系数。

（1）距离

距离是将每个样本看成是 m 个变量对应的 m 维空间中的一个点，然后在该空间中所定义的，距离越近则亲密程度越高。距离的定义有很多种，如果用 d_{ij} 表示样本 X_i 与 X_j 之间的距离，则应满足四条公理：

① $d_{ij}=0 \Leftrightarrow X_i=X_j$；

② $d_{ij} \geqslant 0$ 对于一切 X_i 与 X_j 都成立；

③ $d_{ij}=d_{ji}$ 对于一切 X_i 与 X_j 都成立；

④ $d_{ij} \leqslant d_{ik}+d_{kj}$ 对于一切 X_i、X_j 与 X_k 都成立。

但在聚类分析中，并不要求定义的距离必须满足上述所有公理，一般情况下，满足前三条公理的，即可被称为距离。在聚类分析中，常用的距离有以下几种：

① 欧氏距离：

$$d_{ij}=\sqrt{\sum_{t=1}^{p}(x_{it}-x_{jt})^2}\ (i,\ j=1,\ 2,\ \cdots,\ n) \tag{2-20}$$

② 切比雪夫距离：

$$d_{ij}\ (\infty)\ =\max|x_{ik}-x_{jk}|\ (i,\ j=1,\ 2,\ \cdots,\ n) \tag{2-21}$$

③ 闵可夫斯基距离：

$$d_{ij}\ (q)\ =\Big[\sum_{k=1}^{m}|x_{ik}-x_{jk}|^q\Big]^{1/q}\ (i,\ j=1,\ 2,\ \cdots,\ n) \tag{2-22}$$

在聚类分析中，最常用的是闵可夫斯基距离，但实际分析中一般用欧氏距离。

（2）相似系数

相似系数用于表示样本之间的相似程度，当其接近于1或−1的，认为样本或指标之间的性质比较接近；相似系数接近于0时，认为样本或指标之间是无关的。相似系数有如下两种定义：

① 夹角余弦：

$$\cos\alpha_{ij}=\frac{\sum_{k=1}^{m}x_{ki}\cdot x_{kj}}{\sqrt{(\sum_{k=1}^{n}x_{ki}{}^{2})(\sum_{k=1}^{n}x_{kj}{}^{2})}} \tag{2-23}$$

② 相关系数：

$$r_{ij}=\frac{\sum_{k=1}^{n}(x_{ki}-\bar{x}_i)(x_{kj}-\bar{x}_j)}{\left\{\left[\sum_{k=1}^{n}(x_{ki}-\bar{x}_i)^2\right]\cdot\left[\sum_{k=1}^{n}(x_{kj}-\bar{x}_j)^2\right]\right\}^{1/2}} \tag{2-24}$$

2.4.1.2 聚类方法

要采用系统聚类法进行长下坡道路安全的评价，需要选定合适的聚类方法。常用的聚类方法主要有以下几种：

（1）最短距离法

该算法将两个类之间的距离定义为一个类的所有个体与另一个类的所有个体之间的距离最小者，即：

$$D_{pq}=\min\ \{d_{ij}\},\ x_i\in G_p,\ x_j\in G_q \tag{2-25}$$

（2）最长距离法

与最短距离法相反，该法用个体之间的最远距离来定义类与类之间的距离。其计算式为：

$$D_{ij}=\max\ \{d_{kl}\},\ x_k=G_i,\ x_i=G_j \tag{2-26}$$

（3）中间距离法

该法在定义类与类之间的距离时，采用的是最短距离与最长距离之间的中间距离。当用两类G_p与G_q合并成新类G_r时，任一类G_i与G_r之间的距离用下式计算：

$$D_{ir}=\sqrt{\frac{1}{2}D_{ip}{}^2+\frac{1}{2}D_{iq}^2-\frac{1}{4}D_{pq}{}^2} \tag{2-27}$$

其中，D_{ip}、D_{iq}、D_{pq}分别为G_i、G_p、G_q之间的距离。

（4）重心法

该法将两类之间的距离定义为两类中心之间的距离。它考虑了每一类所包含的样本数，每一类重心即为该类样本的均值。

假设类G_p和G_q合并成G_r以后，他们的样本数目分别是n_p、n_q和$n_r=n_p+n_q$。则G_r与其他类G_i之间的距离为：

$$D_{ir}{}^2=\frac{n_p}{n_r}\cdot D_{ip}{}^2+\frac{n_q}{n_r}\cdot D_{iq}{}^2-\frac{n_p}{n_r}\cdot\frac{n_q}{n_r}D_{pq}{}^2 \tag{2-28}$$

（5）离差平方和法

该法是认为 Ward 根据方差分析的原理得到的，如果分类比较合理，则同类样本之间的离差平方和较小，类与类之间的离差平方和较大。假设类 G_p 与 G_q 与合并成新类 G_r，则 G_r 与任一类 G_i 的距离递推公式为：

$$D_{ir}{}^2=\frac{n_i+n_p}{n_r+n_i}\cdot D_{ip}{}^2+\frac{n_i+n_q}{n_r+n_i}\cdot D_{iq}{}^2-\frac{n_i}{n_r+n_i}\cdot D_{pq}{}^2 \tag{2-29}$$

利用离差平方和分类的效果比较好，它要求样本之间的距离必须是欧氏距离。本章中亦采用此种方法。

（6）平均联结法

平均联结法分为两类，即组间平均联结法和组内平均联结法。组间平均联结法将两个类所有成对个案（各来自一个类）间的平均距离作为类间距离并要求该距离最小。它利用了两个类中成对所有个案的信息。组内平均联结法的目的则是要使产生类的所有个案之间的平均距离尽可能地小。

2.4.1.3　指标无量纲化

本文中根据选取的多个指标对路段进行归类分析，由于不同指标的量纲和计量单位不相同，从而使得其对归类结果的影响作用不够均衡，不具有综合性，故不能直接进行综合分析。要解决指标间不可综合性的问题，可采用无量纲化的方法对各指标数值进行处理，从而均衡其对结果的影响。常用的指标无量纲化处理方法如下：

① Range -1 tol：

$$x_i'=\frac{x_i}{\max-\min}=\frac{x_i}{R} \tag{2-30}$$

取值范围在−1～1 间的极值化方法，是通过将每一变量除以全距达到对变量的无量纲化处理目的。

② Range -0 tol：

$$x_i'=\frac{x_i-\min}{\max-\min}=\frac{x_i-\min}{R} \tag{2-31}$$

取值范围限于 0～1 之间的极值化方法。通过将每一变量与变量最小值作差后除以全距，达到对变量无量纲化的处理目的。

③ Maximum magnitude of 1：

$$x_i'=\frac{x_i}{\max} \tag{2-32}$$

通过将每一变量值除以变量最大值，使得变量标准化后的最大取值为 1，达到对变量无量纲化的目的，也属于极值化方法。

④ Z-score：

$$x_i'=\frac{x_i-\bar{x}}{\sigma} \tag{2-33}$$

通过将每一变量值与变量平均值作差后除以其标准差，达到使变量标准化的目的，从而消除量纲和计量单位的不同影响。无量纲化处理后，各变量的平均值为0，标准差为1。

⑤ Standard deviation of 1：

$$x'_i=\frac{x_i}{\sigma} \tag{2-34}$$

通过将每一变量值除以该变量的标准差达到对变量标准差化的目的，消除变量的量纲和计量单位的不同影响。无量纲化处理后，各变量的标准差为1。

⑥ Mean of 1：

$$x'_i=\frac{x_i}{\overline{x}} \tag{2-35}$$

通过将每一变量除以该变量的平均值达到对该变量标准化的目的，从而消除变量的量纲和计量单位的不同影响。标准化后，各变量的平均值都为1，标准差为原始变量的变异系数。

①～③属于极值化方法。此种方法只利用变量的最大值和最小值两个极值对变量进行无量纲化处理，而没有考虑其他取值对变量的影响，致使在改变各变量权重时过分依赖极端值。例如，取值相近的两个变量，分析权重应近似相同，但若其中一个变量存在有一个明显较大的极值，在运用此种方法进行无量纲化处理后，会造成此变量的各数据普遍低于另一个变量，从而造成对两变量权重分析的不同。因此，因视变量数据中极端值的情况慎重选择此种方法。④属于标准化方法。此种方法是多变量综合分析中最为常用的一种方法。利用此方法对变量进行无量纲化处理的前提是变量的原始数据满足正态分布。该方法在对变量的无量纲化处理中利用了所有的数据，有一定的合理性，但此种方法消除了各变量间的差异性，使得无量纲化处理后各变量拥有相同的均值和标准差，从而各变量在聚类分析中具有同等的重要性程度。但在实际分析中，各变量的差异程度尤其重要，变量在不同单位间取值的差异程度决定了其在聚类分析中的重要性程度，对于差异程度较大的变量应给予较大的分析权重。因此，此种方法无法满足聚类分析中差异性的要求。⑤属于标准差化方法。此种方法与标准化方法比较相似，是对标准化方法的一种变形。各变量经过标准化法无量纲化后，其标准差相同，在聚类分析中具有同等重要性。此法与标准化法的差别在于无量纲化后各变量具有不同的均值。各变量经过标准化法后的均值为0，而经过标准差化后的均值为原始变量均值与标准差的比值，即变异系数的倒数，将会在分析中出现部分错误信息。⑥属于均值化方法。此种方法去除了量纲和数量级的影响，保留了各变量的差异性，使得取值差异程度越大的变量对分析的影响越大，分得的权重也越大。该法对原始变量变异信息的保留不仅取决于变量的标准差，更是原始变量的变异系数，因此保证了变量在包含有变异程度信息的基础上数据也具有可比性的问题。

鉴于对各种方法优劣性的综述，本文对多个指标的无量纲化处理采用⑥均值化方法。

2.4.2 道路安全评价指标的选定

道路安全评价的重点问题是评价指标的确定。评价指标的确定应当遵循科学性、可操作性、可比性等原则。常用的道路安全评价指标有事故指标、交通冲突指标、行车风险指标、车速指标等。

① 事故指标：评价研究中常采用的指标，具有代表性。但是由于事故发生的随机性和事故统计的不完善，使得其信度难以保证，而且对于拟建和新建道路，事故资料无法获得。

② 交通冲突指标：交通冲突样本可以通过短时间的观测来大量获取，从而改善了安全评价的信度和效度。但在观测获取交通冲突样本时，必须耗费大量的人力，同时现场勘测也受调查人员的主观判断、调查时间、地点和交通情况等变化因素的影响。不同调查人员对冲突的判断能力不同，调查结果也不一样，如何提高调查的客观性和准确性尚待研究，同样对规划中的道路也无法获得交通冲突样本。

③ 行车风险指标：主要通过对路段交通流的视频录像或交通仿真实验获得，但还存在很多技术问题需要解决。

④ 车速指标：车速是道路交通安全的主要影响因素，比较易于观测，也有比较成熟的车速预测模型对拟建道路进行车速预测，从而基于车速指标的评价模型对拟建、新建、已建以及改建道路具有普遍的适用性。

由于西汉高速通车时间不久，事故指标资料缺少且不够完整，因此，本文选用车速指标进行研究。车速指标有很多，主要有运行车速 v_{85}，相邻路段运行车速差、运行速度与设计车速差 $|v_{85}-v_d|$，速度梯度 $|\Delta v|$、不同车型间的运行车速差 $|v_{小汽车}-v_{货车}|$ 等等。要进行安全评价就需要从诸多车速指标中选取易于获得并适合此条道路安全评价的指标。

2.4.2.1 运行速度与设计车速差

目前国内外应用运行速度的评价方法，评价指标常采用运行车速和设计车速之差 $v_{85}-v_d$ 以及两相邻路段之间的运行速度差值 Δv_{85}，其评价标准见表 2-32。由表可以看出，$v_{85}-v_d$ 和 Δv_{85} 作为评价指标具有一定的可行性和可靠性，可以在一定程度上评价线形的连续性。由于本文的评价对象为一系列离散的长下坡路段不同桩号处的点，故不考虑 Δv_{85}，而选用 $|v_{85}-v_d|$ 作为评价的指标。

连续性评价标准　　表 2-32

线形连续性	标准Ⅰ	标准Ⅱ	路段事故状况
好	$\lvert v_{85}-v_d\rvert \leqslant 10$km/h	$\Delta v_{85}\leqslant 10$km/h	事故率低，基本不存在事故多发点
一般	10km/h$\leqslant \lvert v_{85}-v_d\rvert \leqslant 20$km/h	10km/h$\leqslant \Delta v_{85}\leqslant 20$km/h	事故率有所增加，事故多发地点比较稀疏
差	$\lvert v_{85}-v_d\rvert \geqslant 20$km/h	$\Delta v_{85}\leqslant 10$km/h	事故率有所增加，事故多发地点比较多

2.4.2.2 速度梯度

研究表明，车辆的车速与平均车速的差值越大，即车速分布越离散，事故率就会越高。

① 1964 年，Solomon 研究了车速和平均车速的差值与事故率的关系，得出一条 U 形曲线，表明车辆的速度无论是高于还是低于平均车速，其车速差值越大，事故率就会越高，从而建立了最初的车速模型，公式如下：

$$I=10^{0.000602\Delta v^2-0.006675\Delta v+2.23} \tag{2-36}$$

式中 I——10 万车公里事故率（次/10 万车公里）；

Δv——车速与平均车速之差（km/h）。

Cirill 对高速公路和乡村公路白天、夜晚的情况进行了类似的调查，验证了 Solomon 的结论，完善了速度与碰撞率的 U 形曲线图如图 2-13 所示。从曲线图中可以得出，事故率最低处的速度离散度稍大于 0km/h，速度基本无变化；在速度离散度为 0km/h 时，事故发生与否取决于司机操作经验等因素；同时，速度离散度越大，事故率越高。

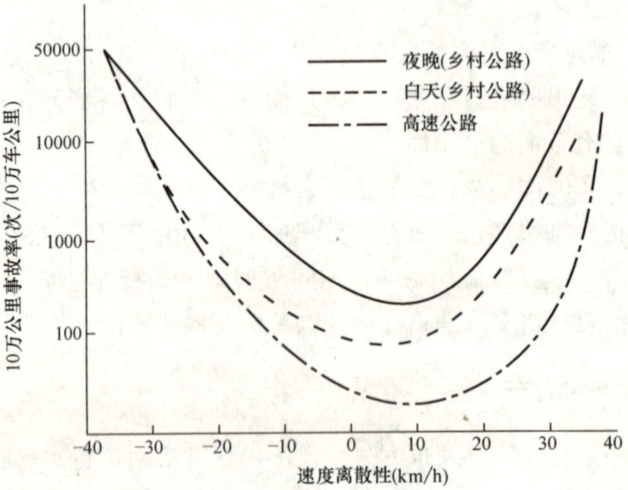

图 2-13　速度离散性与事故率曲线图

② 1993 年，Monash 大学事故研究中心对车速和平均车速的差值与事故率的关系进行了研究，得出与 Solomon 一致的结果，即车速与平均车速的差值越大，事故率越高。具体关系模型如下：

$$I=500+0.8\Delta v^2+0.014\Delta v^3 \tag{2-37}$$

式中 I——10 万车公里事故率（次/10 万车公里）；

Δv——车速与平均车速之差（km/h）。

③ 英国交通研究实验室的学者 BURUGAA 开发了适用欧洲的速度与事故模型 EURO 模型。研究表明，事故率与平均车速和超速行驶者有着必然的联系，平均车速和车速差异都会对事故产生影响。例如，当某路段平均车速为 60km/h 时，车辆运行速度降低 1km/h，事故率将降低 2.56 个百分点。EURO 模型如下：

$$\Delta\ln(I)=\frac{1.536}{\overline{V}}\cdot\Delta v \tag{2-38}$$

式中 I——10 万车公里事故率（次/10 万车公里）；

Δv——车速与平均车速之差（km/h）。

从以上相关研究可以看出，速度梯度与事故率有着紧密的联系，将速度梯度作为评价道路安全的指标也是比较合适的。

对于其他指标诸如不同车型间的运行车速差$|v_{小车}-v_{货车}|$由于在我国货车超载现象严重，超载货车的运行车速很低，导致$|v_{小车}-v_{货车}|$出现不合理的离散性，故不选择。综上所述，选定大车、小车的$|v_{85}-v_d|$、$|\Delta v|$作为道路安全的评价指标，其具体数值如表 2-33 所示。

西汉高速涝峪长下坡路段安全评价指标表　　　　**表 2-33**

编号	桩号	大车运行车速	小车运行车速	$\lvert v_{大85}-v_d \rvert$	$\lvert v_{小85}-v_d \rvert$	$\lvert \Delta v_{大} \rvert$	$\lvert \Delta v_{小} \rvert$
1	K35+440	84	100	24	40	18.66	13.23
2	K36+180	69	81	9	21	3.66	5.74
3	K36+650	65	85	5	25	0.34	1.74
4	K37+310	71	87.6	11	27.6	5.66	0.86
5	K37+410	84	100	24	40	18.66	13.26
6	K38+190	71	90	11	30	5.66	3.26
7	K38+940	67	85	7	25	1.66	1.74
8	K39+290	84	92	24	32	18.66	5.26
9	K40+060	61	90	1	30	4.34	3.26
10	K40+355	66	89	6	29	0.66	2.26
11	K40+520	76	98	16	38	10.66	11.26
12	K40+650	63	88	3	28	2.34	1.26
13	K41+240	77	93	17	33	11.66	6.26
14	K41+280	63.85	88	3.85	28	1.49	1.26
15	K41+770	66	92	6	32	0.66	5.26
16	K42+150	70	90	10	30	4.66	3.26
17	K43+910	67	80	7	20	1.66	6.74
18	K44+490	71	85	11	25	5.66	1.74
19	K45+405	53.7	86.6	6.3	26	11.64	0.74
20	K45+450	71	90	11	30	5.66	3.26
21	K45+790	59.4	85.05	0.6	25.05	5.94	1.69
22	K46+910	60	85	0	25	5.34	1.74
23	K48+000	56	79.7	4	19.7	9.34	7.04
24	K48+120	60	82	0	22	5.34	4.74
25	K49+720	59	74	1	14	6.34	12.74
26	K50+540	62.1	80	2.1	20	3.24	6.74
27	K51+100	58	86	2	26	7.34	0.74
28	K53+360	61.7	88	1.7	28	3.64	1.26
29	K53+580	64	96.7	4	36.7	1.34	9.96
30	K53+800	59.7	72	1	12	6.34	14.74

续表

编号	桩号	大车运行车速	小车运行车速	$\lvert v_{大85}-v_d \rvert$	$\lvert v_{小85}-v_d \rvert$	$\lvert \Delta v_{大} \rvert$	$\lvert \Delta v_{小} \rvert$
31	K53+850	63	86	3	26	2.34	0.74
32	K54+100	58.85	76	1.15	16	6.49	10.74
33	K54+440	63.85	85	3.85	25	1.49	1.74
34	K54+600	59	84	1	24	6.34	2.74
35	K54+900	57.45	86	2.55	26	7.89	0.74
36	K55+100	65.7	93	5.7	33	0.36	6.26
37	K55+430	60.85	90	0.85	30	4.49	3.26
38	K56+480	58.85	78	1.15	18	6.49	8.74
39	K57+160	61	87	1	27	4.34	0.26

2.4.3 系统聚类分析法对长下坡路段的安全评价

2.4.3.1 系统聚类分析法对长下坡路段的安全评价

本节将利用系统聚类分析法对西汉长下坡路段的道路交通安全进行综合评价。系统聚类法步骤如下：

第一步，选择系统聚类的方法。由于采用离差平方和法分类的效果比较好，所以选择采用离差平方和分类法；

第二步，规定距离。由于选定的离差平方和分类法要求样本之间的距离必须是欧氏距离，所以选用欧氏距离；

第三步，无量纲化处理。由于各个指标之间数量级不尽相同，故必须对各指标数值进行无量纲化处理，解决各指标数值不可综合的问题；

第四步，根据规定距离将距离最近的两个点合并为一类；

第五步，根据选定聚类方法将距离最近的两类合并为新的类；

第六步，反复进行步骤第一、二步，直到把所有的样本归为一类，然后根据需要，再选取分类结果。

2.4.3.2 评价指标的无量纲化处理

为了消除量纲分析结果的不合理影响，先对选定的指标按照公式 $x'_i=\frac{x_i}{\bar{x}}$ 进行均值化处理，从而保留了各指标取值差异程度上的信息，使得各个指标间具有综合性，进而综合评价道路安全。计算得到的长下坡路段安全评价指标均值化数据见表 2-34。

2.4.3.3 系统聚类分析结果

初步确定将 24 个坡段按相对危险等级分为四级，分别为Ⅰ级、Ⅱ级、Ⅲ级、Ⅳ级（等级越大越靠后越危险）。利用数学统计软件 SPSS 的聚类统计模块，对各桩号数据（见

表 2-35）进行分析归类，分析结果见表 2-36 和树状图 2-14。

长下坡路段安全评价指标均值化数据　　表 2-34

编号	桩号	$\lvert v_{大85}-v_d \rvert$	$\lvert v_{小85}-v_d \rvert$	$\lvert \Delta v_{大} \rvert$	$\lvert \Delta v_{小} \rvert$
1	K35+440	3.75	1.5	3.18	2.75
2	K36+180	1.41	0.79	0.62	1.19
3	K36+650	0.78	0.93	0.06	0.36
4	K37+310	1.72	1.03	0.97	0.18
5	K37+410	3.75	1.5	3.18	2.75
6	K38+190	1.72	1.12	0.97	0.67
7	K38+940	1.09	0.93	0.28	0.36
8	K39+290	3.75	1.2	3.18	1.09
9	K40+060	0.16	1.12	0.74	0.67
10	K40+355	0.94	1.08	0.11	0.47
11	K40+520	2.5	1.42	1.82	2.33
12	K40+650	0.47	1.05	0.4	0.26
13	K41+240	2.65	1.23	1.99	1.3
14	K41+280	0.6	1.05	0.25	0.26
15	K41+770	0.94	1.2	0.11	1.09
16	K42+150	1.56	1.12	0.8	0.67
17	K43+910	1.09	0.75	0.28	1.4
18	K44+490	1.72	0.93	0.97	0.36
19	K45+405	0.98	0.97	1.99	0.15
20	K45+450	1.72	1.12	0.97	0.67
21	K45+790	0.09	0.94	1.01	0.35
22	K46+910	0	0.93	0.91	0.36
23	K48+000	0.62	0.74	1.59	1.46
24	K48+120	0	0.82	0.91	0.98
25	K49+720	0.16	0.52	1.08	2.64
26	K50+540	0.33	0.75	0.55	1.4
27	K51+100	0.31	0.97	1.25	0.15
28	K53+360	0.27	1.05	0.62	0.26
29	K53+580	0.62	1.37	0.23	2.06
30	K53+800	0.16	0.45	1.08	3.05
31	K53+850	0.47	0.97	0.4	0.15
32	K54+100	0.18	0.6	1.11	2.23
33	K54+440	0.6	0.93	0.25	0.36
34	K54+600	0.16	0.9	1.08	0.57
35	K54+900	0.4	0.97	1.35	0.15
36	K55+100	0.89	1.23	0.06	1.3
37	K55+430	0.13	1.12	0.77	0.67
38	K56+480	0.18	0.67	1.11	1.81
39	K57+160	0.16	1.01	0.74	0.05

因此，坡度安全分类表整理如表 2-36 所示：

利用离差平方和法分类结果 **表 2-35**

编号	桩号	大车运行车速	小车运行车速	类别
1	K35+44	84	100	4
2	K36+180	69	81	1
3	K36+650	65	85	2
4	K37+310	71	87.6	3
5	K37+410	84	100	4
6	K38+190	71	90	3
7	K38+940	67	85	2
8	K39+290	84	92	4
9	K40+060	61	90	2
10	K40+355	66	89	2
11	K40+520	76	98	4
12	K40+650	63	88	2
13	K41+240	77	93	4
14	K41+280	63.85	88	2
15	K41+770	66	92	1
16	K42+150	70	90	3
17	K43+910	67	80	1
18	K44+490	71	85	3
19	K45+405	53.7	86	3
20	K45+450	71	90	3
21	K45+790	59.4	85.05	2
22	K46+910	60	82	2
23	K48+000	56	79.7	1
24	K48+120	60	82	2
25	K49+720	59	74	1
26	K50+540	62.1	80	1
27	K51+100	58	86	2
28	K53+360	61.7	88	2
29	K53+580	64	96.7	1
30	K53+800	59	72	1
31	K53+850	63	86	2
32	K54+100	58.85	76	1
33	K54+440	63.85	85	2
34	K54+600	59	84	2
35	K54+900	57.45	86	2
36	K55+100	65.7	93	1
37	K55+430	60.85	90	2
38	K56+480	58.85	78	1
39	K57+160	61	87	2

坡度安全分类表 **表 2-36**

类别	类别内容	危险等级
1	第 2、15、17、23、25、26、29、30、32、36、38 桩号	Ⅰ
2	第 3、7、9、10、	Ⅱ
3	第 4、6、16、18、19、20 桩号	Ⅲ
4	第 1、5、8、11、13 桩号	Ⅳ

从坡度分类表可以看出，第 *W* 等级的各桩号点处较其他桩号点处的速度变化率更大，危险性也更高。对此，可采取一定的措施进行改善，比如限速措施，国内应用得很多：

① 限速标志：在易超速、较危险地段设置标志牌，标明最大行车速度，用以提示司机降低速度。

② 限速丘：限速丘在不损害车辆的情况下，被证实能有效地将速度减少 20～30km/h。

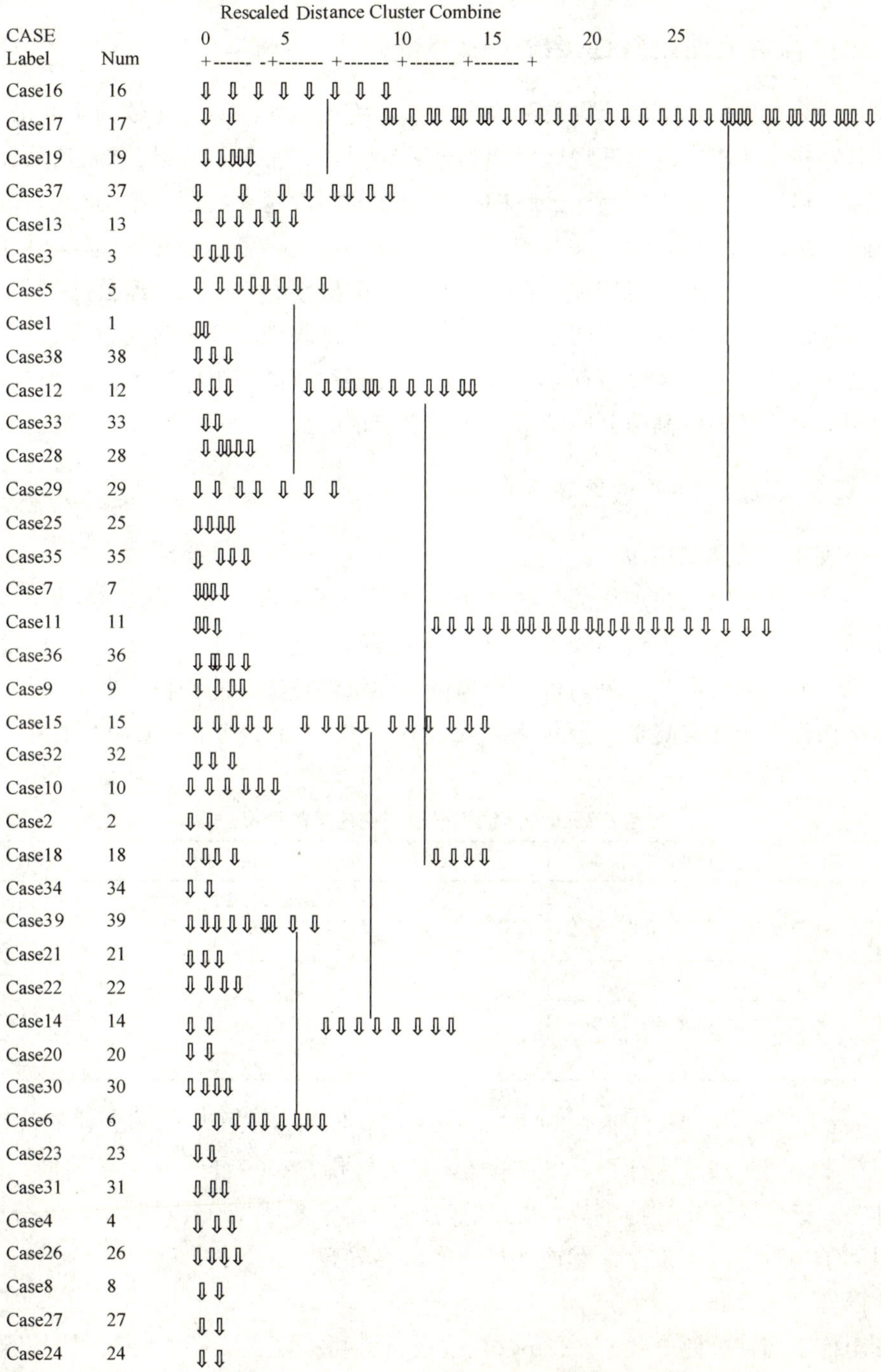

图 2-14　交通安全评价综合指标聚类树状图

③ 路面标识、标线，常用的路面交通标识是在行车道上面画有限制车速的数字，或者形似障碍物的立体图案，使驾驶员产生要降低车速的明显的心理效果[3]。

2.5 山区高速桥隧连接段交通安全问题研究

2.5.1 山区高速公路桥隧连接段事故特征分析

我国是一个多山的国家，全国总面积中近 2/3 为山地、丘陵和比较崎岖的山区。为保证高等级公路技术要求，在这些地区修建高速公路时，经常采用桥梁、隧道穿山越岭。随着高速公路的迅速发展，山区高速公路中桥隧相连的路段越来越多，给出行的人们带来了极大的方便，缩短了出行时间，又节约了能源消耗。但是，事物都有两面性，桥隧结合路段在给人们带来方便的同时也增加了发生交通事故的概率。与山区高速公路的其他路段相比，桥隧连接段多发生群死群伤的重特大交通事故，多表现为驾驶员违章多、追尾碰撞事故多、交通事故致死率高、经济损失大等，危害性相对较高。下面主要介绍包茂高速铜川段、西柞高速公路和西汉高速公路的部分交通事故情况。

2.5.1.1 三条高速公路的交通事故情况

（1）包茂高速公路铜川段

包茂高速公路铜川段是连接关中到陕北的重要交通枢纽，特别是 2006 年 9 月黄延高速公路开通后，更是成为连接内蒙古、宁夏、陕西的交通大动脉。路线 8～10 标段属于桥隧群连接段，所经桥隧群为王家河桥—跨沟桥—楼子沟隧道—跨沟桥—罗圈梁隧道—漆水河桥—半截沟桥—篙庄梁隧道。近年来包茂高速公路铜川段道路交通事故情况如表 2-37 所示。

包茂高速公路铜川段道路交通事故情况　　表 2-37

年份	事故次数(次)	死亡人数(人)	受伤人数(人)	直接财产损失(元)
2004	314	39	122	4917110
2005	197	23	81	2934500
2006	144	27	106	3098900
2007	105	23	110	2173500
2008	38	14	55	905000

其中，2008 年 6 月 18 日下午 3 时许，包茂高速铜川段 K108＋800m 处下行线发生 10 车连环相撞事故，造成 4 人死亡，2 人重伤，多人轻伤；2009 年 3 月 7 日上午，包茂高速铜川金锁关附近发生 5 车连撞事故，2 人受伤；2009 年 3 月 22 日凌晨 3 时 40 分许在包茂高速铜川楼子沟隧道附近发生 5 车连环相撞事故，导致 2 死 5 伤。

（2）西柞高速公路

西安至柞水高速公路全长 65.2km，全线设特大桥 5 座，大桥 30 座，特长隧道 1 座，一般隧道 11 座，桥隧占全线的 50.7%。2007 年 12 月 6 日，西柞高速公路秦岭终南山隧道以北 5km 路段先后发生 3 起车祸，造成 2 人当场死亡，5 人不同程度受伤，事故均是因桥面结冰，肇事司机在薄冰路面上开快车与隧道口相撞所致。2008 年 1 月 9 日 21 时许，由于道路雾气浓重，能见度较低，气温低导致桥面结冰，在西柞高速公路 K31km 处，7 辆货车发生群体性追尾交通事故，1 人身亡、数人受伤。

（3）西汉高速公路

西汉高速公路全线基本是桥隧相连，山区路段桥隧比例占近 70%。自 2007 年 9 月 30 日晚 6 点正式通车放行以来，西汉高速公路事故频频发生。9 月 30 日当晚就发生大小事故 10 余起，“十一”黄金周期间发生大小交通事故 30 余起。10 月 8 日是西汉高速公路货车放行的第一天，当天，在双岭隧道处发生 40 余辆车追尾的特大交通事故，造成 36 辆大车、13 辆小车相撞，导致 7 人死亡、20 余人受伤，1000 余辆过往车辆受阻，西汉高速公路交通中断。12 日晚，该处又发生一起事故，造成 2 人死亡、1 人受伤。13 日下午，在同一路段再次发生事故，幸好没有造成人员伤亡。通车后的仅仅二个月，西汉高速公路所发生的事故数量及严重程度远远超出了人们的预料。据调查，事故发生段互通路极少，多处桥、隧相连，其中大小隧道 20 余座，道路纵坡较大且有多处连续下坡，坡度都在 4.5%～5.0%，急弯路多并且线形较复杂，标志标线不完善。在高速行驶的情况下，驾驶员未能辨别隧道洞外的道路线形和道路上的交通情况，加之许多驾驶员缺乏山区高速公路复杂气候条件下的驾车经验，隧道出入口处及桥面易出现积冰等，多方面因素导致形成交通事故的多发路段，而且事故后果严重，难于救援、疏导和处理。

从上述三条高速公路的事故情况可以看出，由于桥隧连接段具有道路线形复杂、桥梁多为高桥、隧道封闭等特殊性，一旦发生事故，往往容易造成人员伤亡、车辆损毁、交通堵塞等严重后果，因此山区高速公路桥隧连接段的交通安全问题应引起高度重视。通过分析山区高速公路桥隧连接段的事故特点，对其事故机理和成因进行深入研究，从而提出科学合理的事故预防机制，能够有效改善山区高速公路桥隧连接段的行车安全。

2.5.1.2　山区高速公路桥隧连接段事故特点

由于山区高速公路桥隧连接段特殊的道路交通环境，与山区高速公路其他路段相比，此路段所发生的交通事故有其自身特点。根据包茂高速公路铜川段桥隧连接段 2006～2008 年发生的 150 起交通事故，进行统计分析得出山区高速公路桥隧连接段交通事故的时间分布、气候分布、事故形态分布及车辆类型的分布特点。

（1）交通事故的时间分布特点

交通事故统计数据显示，包茂高速公路铜川段桥隧连接段 2006～2008 年发生的 150 起交通事故中，0：00～6：00、6：00～12：00、12：00～18：00、18：00～24：00 这 4 个时段发生的交通事故数分别为 30、39、67、14，分别占总数的 20.0%、26.0%、44.8%、9.2%。

下午发生事故比例大，从心理学知识可以知道，人一般经过 2～4h 连续驾驶，开始出现大脑兴奋性减弱，感觉迟钝、知觉能力降低等情况，人的思想意识的支配力严重下降，生理条件接近最不利状态，极易导致交通事故。到接近黄昏时分，由于自然光照下降，物体反射的光线也急剧变弱，驾驶员的视觉难以适应光线变化，造成行车时难以辨明远近，容易错误判断车间距离甚至冒险超车，从而导致交通事故的发生。

凌晨时分交通事故发生的主要原因在于以下四个方面：

1）夜间交通流量减小，驾驶员驾驶车辆的自由度较大，车速较快，在遇到紧急情况时极易反应不及而酿成交通事故；

2）夜间车辆主要为长途运输货车，车辆超载严重，车况较差，违反交通法规、标志标线和无证驾车等违章现象较多，形成事故隐患；

3）凌晨时分驾驶员的疲劳程度也与其他时段不同，由于彻夜行车造成驾驶员睡眠不足并逐渐积累，至凌晨时分达到了极限，这时的疲劳多为累计疲劳。疏忽大意、判断错误及疲劳驾驶构成了凌晨时分交通事故多发的主要因素。有研究显示，驾驶员睡意发生率最高的时间段为早上 6 点到 8 点和下午 2 点到 4 点之间[14]；

4）凌晨时分，光线昏暗易使驾驶员注意力不集中，同时受隧道照明设施的影响，驾驶员极易身体疲乏，反应迟钝，从而诱发交通事故。

（2）交通事故的气候分布特点

根据山区高速公路桥隧连接段交通事故案例统计分析可以看出，不同气候条件下的交通事故有所差异，其主要分布特点如下。

1）冬、春季发生交通事故较多

据统计，所收集到的 150 起交通事故中，发生在冬、春季的交通事故占 65.6%。冬季山区经常大雾弥漫，路面结冰现象严重，雪天使得路面变滑，易出现暗冰并将路面的标志、标线覆盖，特别是桥面上及隧道口尤为严重，行车环境受到影响从而引发交通事故。春季雨水较多，路面湿滑，道路附着系数下降，恶劣的天气状况严重地影响了车辆的正常行驶。同时，由于在不利季节对高速公路养护力度不够，桥面、隧道口抵御不利自然因素影响的能力不强，道路抗滑养护技术和工艺还不够成熟，治理措施投资成本高等原因，未能有效减轻气候因素对交通安全状况的不利影响。

2）雨、雪、雾天事故较多

雨、雪、雾天对行车安全的影响较大，据统计，雨天发生的交通事故比较频繁，雾天事故伤亡率较高。雨天行车路面摩擦系数低，而且摩擦系数随速度增加而急剧降低，因而容易发生车轮打滑甚至产生水漂现象，导致交通事故的发生。雾天行车，能见度低，视线严重受限，极易发生恶性追尾事故或撞固定物事故。此外，一些驾驶员不注意限速预告或者无视规定、超速行驶，尤其是在小雨、小雪、薄雾天气，放松警惕，没有适当降低车速，从而导致交通事故发生。

（3）交通事故的形态分布特点

交通事故形态，即交通参与者之间发生冲突或自身失控肇事所表现出来的具体事态。按照我国道路交通管理的有关规定，道路交通事故主要分为碰撞、碾压、刮擦、翻车、坠车、失火和其他事故形态[15]。由于桥隧连接段的交通条件与其他路段有较大差别，因此，根据山区高速公路桥隧连接段的交通事故特点，将其交通事故形态分为追尾碰撞、撞隧道口壁、撞护栏、坠车、刮擦和其他。

分析研究山区高速公路桥隧连接段事故形态的分布特点，可以根据各种事故形态的分布情况，找到导致各种形态的事故发生原因，为确定对策和解决方法提供依据。下面根据所掌握的事故资料进行分析讨论。

追尾碰撞是主要的事故形态，占事故总数的50%，追尾碰撞、撞隧道口壁、撞护栏和坠车的事故致死率和受伤率都较高。究其原因有以下几个方面：

1）高速公路一般情况下路况较好，易使驾驶员忽视安全、超速行驶，一些车辆制动性能较差，长时间高速行驶又极易发生故障，同时许多国产汽车没有配备防抱死制动系统（ABS），行驶中汽车出现故障，又不能及时停靠或紧急停车，造成尾随车辆不能及时避让而发生追尾事故；

2）受不利天气及路面状况的影响导致高速公路上群车追尾事故的发生；

3）隧道洞口行车视距不良、光线亮度变化不当引发车辆追尾或撞隧道口壁事故，多表现为驾驶员由于未能辨别洞外的道路线形和道路上的交通情况而导致追尾事故；

4）山区受地形条件限制，桥梁多设置为高桥，导致撞护栏和坠车的事故致死率和受伤率都较高。

（4）交通事故的车辆类型特点

交通流中车辆的类型对交通事故有一定的影响，与各种车辆的动力性能、车速、外形尺寸、爬坡能力、负载程度有关[12]。从交通流的特征方面考虑，车辆类型越多，其速度差的范围越大，则超车就越多，发生交通事故的可能性就越大。由于收集资料有限，根据收集的交通事故中所涉及的车辆进行分类，分为轿车、客车、货车和其他四种类型。

事故中货车、轿车涉及数量较多。由于各车型的性能及运行特点不同，事故情况也存在较大差异。对于大货车而言，其交通事故类型主要是追尾。由于货车车辆技术状况不稳定，车辆性能较其他车型相对较差，日常维护情况不佳，故障率较高，加上驾驶员超载行驶和疲劳驾驶现象严重，在长时间高速行驶时极易发生事故；对轿车而言，虽然各方面的技术性能较好，但车速较高，超速行驶、超车现象较多，驾驶员遇到紧急情况制动不及时，极易导致追尾或撞向护栏、隧道口等固定物；大型客车由于是载客的工具，驾驶员要对乘客生命负责，所以比较注重日常维护，出车前注意检查车辆，驾驶员安全意识强，因此客车发生事故次数较少，但是一旦发生事故客车伤亡人数都比较多，主要是大客车载客量较大，一旦发生事故尤其是翻车，乘客极易受到伤害，严重的导致死亡。

2.5.2　山区高速公路桥隧连接段交通事故成因分析

2.5.2.1　山区高速公路桥隧连接段交通事故影响因素

由上述的事故特征分析可知桥隧连接段交通安全的基本要素，人、路、交通条件和气候环境是影响山区高速公路的四大要素。其中人是指是驾驶员特性；路包括道路线形、设施和路面状况；交通条件包括交通量、交通组成和车速；气候环境是指雾、交通雨雪、冰冻等异常天气条件。只有这四大要素相互协调，相互配合，才能使整个系统处于最优状态，才有可能采取有效措施对交通事故的发生进行控制。

(1) 驾驶员特性

国内外的事故统计资料表明，人的失误是导致交通事故的主要原因[16]。在山区高速公路的桥隧连接段，驾驶员在高速行驶的情况下，由于对外界条件的适应能力及反应能力的敏锐性下降，非常容易出现各种失误。此外，驾驶员的不良心理反应也很容易导致驾驶员操作失误，进而诱发交通事故。根据包茂高速公路铜川段桥隧连接段交通事故统计数据显示，驾驶员因素在事故总数中所占比例为80%。经调查分析驾驶员的视觉变化特性、行车过程中的生理和心理变化、驾驶状态对交通事故的发生都有较大影响。

1) 视觉影响

视觉影响引发的交通事故所占比例约为34%。驾驶员在行车过程中，有80%～90%的信息依靠瞳孔由外界获得，其中95%的视觉信息是动态的，与交通事故最为密切相关的是驾驶员的动态视觉特征，对于驾驶员而言，瞳孔面积变化能很好地表述驾驶员视觉适应性及驾驶负荷的程度，若瞳孔放大表明较大的心理生理负荷。

汽车驾驶员在白天从明亮环境接近、进入和通过隧道的过程中，将会发生多种视觉变化。白天进入隧道前，由于隧道内外亮度差别极大，隧道入口会看到黑洞（长隧道）或黑框（短隧道）现象。进入隧道后，因急剧的亮度变化，瞳孔面积变化速率迅速增加，驾驶负荷也急剧增大，视觉不能迅速适应，当瞳孔面积变化速率过大，超出驾驶员视觉适应能力时，将使得瞳孔难于准确聚焦以使视网膜上成像清晰，从而产生严重的视觉障碍，甚至出现不能分辨出道路的情况，危及行车安全[17]。在这种情况下，一般驾驶员会不经意地采取紧急制动，而紧急制动会引发车辆甩尾和侧翻。因此，隧道入口事故率较高。同理，白天隧道出口会出现白洞现象，而夜间出口看到的又是黑洞，因此容易看不清外部道路的线形及路上的交通情况而引发事故。黑洞、白洞现象在中长隧道尤为明显。

2) 驾驶员的生理和心理变化的影响

从统计数据中可以看出，由于驾驶员生理和心理变化的影响而造成的措施不当、违章、超速行驶在交通事故中所占比例为53%。在桥隧连接段，由于受地形限制，道路纵坡一般较大，常伴有连续下坡、急弯路多等复杂线形，同时，桥梁较长，墩台位置设计较高。驾驶员在行车过程中，都存在一个期望心理，当桥隧连接段的设计与驾驶员的期望不相一致而又未及时提供信息时，驾驶员容易产生期望心理失衡和情绪波动，而导致驾驶错误和反应时间长，甚至酿成交通事故。此外，驾驶员进出隧道洞口时有生理和心理的双重变化，生理上由于洞口内外光线的明暗变化带来的视力适应过程等因素会带来驾驶操作的不稳定性，心理上则会因为驾驶员进出洞口时的潜在恐惧感而带来操纵的失误或造成在隧道出口处加速行驶、进出隧道时超车等违章行为。

3) 驾驶员驾驶状态的影响

驾驶员的驾驶状态对交通安全的影响主要表现在驾驶员的疲劳驾驶。由相关统计资料可知，驾驶员疲劳驾驶引发的交通事故所占比例约为12%，是引发交通事故的主要原因之一。由于驾驶工作的复杂性和紧张性，驾驶员睡眠不足、驾驶时间过长或身体条件等影响都会引起驾驶疲劳。车内的噪声、有节奏的振动、粉尘、气味、舒适性等因素和车外单调的景观、路面的白色标线、拥挤的交通等都会引起驾驶过早的疲劳[18]，使人厌倦麻木，导致意识混沌，诱导睡意。

（2）道路条件

1）道路线形

《公路路线设计规范》JTG D20—2006 分别对桥梁线形、桥头引道及隧道线形、隧道洞口连接线给出了相关规范设计要求，但主要是针对路桥或路隧结合的情况，对桥隧结合的这种特殊形式没有给出明确规定。同时，现阶段国内公路隧道设计的标准基本遵循《公路工程技术标准》JTG B01—2003 和《公路隧道设计规范》JTG D70—2004，对隧道洞口的平纵线形以及隧道洞口与洞外线形连接的规定模糊性较大，对交通安全的研究也不是很充分，许多高速公路隧道因洞口平纵线形组合不尽合理而引发交通事故。山区高速公路的桥隧连接段地形险峻，路段坡道、弯道较多，有必要对这一特殊路段的平纵线形组合设计尤其是洞口段进行具体分析以减少交通事故的发生。因此，本文分析了交通安全与平面线形、纵断面线形、平纵线形组合的关系，为以后的道路线形设计提供一定的参考依据。

① 平面线形

对于地形和地质条件复杂的山区，桥隧连接段的平面线形设计受桥隧长度、工程规模、隧道进出口位置等诸多因素制约，难以做到所采用的线形符合直线或圆曲线线形，特别是对于多个桥隧相连的路段。

a. 直线

汽车在直线上行驶方向明确，驾驶操作较简单。但是，直线过长或过短都会对交通安全造成不利影响，主要在于对驾驶员的视觉反应和心理承受能力的影响。直线过长由于线形的单调性，容易引起驾驶员疲劳，反应迟钝，判断失误，易产生尽快驶出直线的急躁情绪，不知不觉中造成超速行驶，遇到突发情况时，来不及反应而造成事故。直线长度过短则线形变化过快，驾驶员转弯操作频繁，工作强度大，同时容易形成引起驾驶员视线错觉的断背曲线（两同向曲线间夹短直线），对安全极为不利。

对包茂高速公路铜川段桥隧群段（王家河桥—篙庄梁隧道）的交通事故进行统计分析发现，在直线段上发生的事故占统计数据的 49%。从设计资料上看，该路段的直线段长度约为总长度的 44.5%，主要是三个隧道及部分桥梁路段，其中楼子沟隧道长 705m，罗圈梁隧道长 885m，篙庄梁隧道长 1700m。从事故数据中看，隧道内及其出入口路段的事故率较高。进一步分析可知，此路段事故频发主要是由于隧道的线形为直线，且隧道前后连接的直线段较长，在隧道入口前未设置减速带使车辆低速驶入，导致车速过高，驾驶员反应不及时造成撞隧道口等事故，在隧道内，由于隧道的封闭性及长时间直线行驶的单调性，造成驾驶员想尽快驶出隧道，而不断加速甚至超速，在出口处由于受视觉等多方面因素影响，对前方路况不了解而引发事故。

b. 曲线半径

平曲线路段是交通事故的常发路段，而且事故程度较直线更为严重。不同半径的平曲线对交通安全水平的影响不同。表 2-38 给出了包茂高速公路铜川段桥隧群段在圆曲线上发生交通事故的情况。

事故数与圆曲线半径对比情况

表 2-38

事故数	2	1	6	4	1	5	3	2	6	2	3
半径(m)	220	250	271	300	313	350	370	505	600	957	1000

据研究表明曲率半径与事故率呈幂指数关系，当平曲线半径小于 1000m 时，随着半径的减小，事故率急剧增大，但平曲线半径在 400～600m 时，即接近重丘高速公路极限最小半径 400m 时，事故率已经高出全线平均水平的 5～6 倍，交通安全状况十分严峻。从表 2-38 可以看出，所研究路段的圆曲线半径在 220～1000m 的范围之内，并且位于隧道的临近路段上。由此可见，半径过小是导致交通事故的主要原因，同时，这也与隧道线形设计为长直线有关。

2003 年版《公路工程技术标准》JTG B01—2003 对隧道平面线形没有特殊规定，对洞口线形规定：隧道洞口内外侧不小于 3s 设计速度行程长度范围内的平纵线形应一致。条文明确强调这是必要的，也是必须的，没有进一步说明“线形应一致”的含义。根据分析直线长度和曲线半径对行车安全的影响，认为桥隧连接段的平面线形设计应注意以下几个问题：

曲线线形有助于控制车速，提高驾驶人员的注意力，减少驾驶员直线行驶的单调感，在隧道段能够比直线隧道更好地解决光过渡和眼睛的适应问题，所以，桥隧线形设计应服从路线布设的需要，采用弯桥和曲线隧道是合理的。

隧道洞口的平曲线要素点与洞门距离较小时，由于车速快，车辆进出隧道往往使司机在方向上反应不及时，易出现交通事故，同时在适应光线的快速变化时，容易产生感官的错觉，诱发潜在的危险。因此隧道洞口的平曲线要素点应与洞门保持一定的距离。

缓和曲线段设置在洞口时存在交通隐患：一方面由于缓和曲线段线形的曲率是不断变化的，驾驶员在车辆的快速行驶过程中必须通过不断调整方向盘来保持车辆的正常行驶，工作强度大，易引发交通事故；另一方面车辆在行驶过程中产生的离心力急剧变化，危险度也随之增加，同时洞口光线的变化也会影响驾驶员的反应速度。

对于桥隧群路段，易出现公路整体线形因需要满足隧道洞口 3s 行程要求，而调整曲线半径大小或改变桥隧群之间的曲线组合，使线形设计很僵硬，与自然环境不协调，或使前后线形指标不均衡、不顺畅。

因此，线形设计在符合“线形应一致”的基本要求下，洞口附近线形应与桥隧的总体方案尽量做到整体最优，从如何才能选用更大的曲线半径、更小的超高值、具有更远的行车视距等方面综合考虑其线形设计的合理性。

② 纵断面线形

纵断面线形问题体现在纵面行车视距是否满足要求、纵坡段不同车型车辆的速度差是否导致纵向冲突等方面。表 2-39 为包茂高速公路铜川段桥隧群段道路纵坡的情况。

可见，三个隧道的事故率均较高。分析隧道入口前的纵坡可知，楼子沟隧道和篙庄梁隧道都在洞口附近设置了凸形竖曲线。由于隧道结构本是一个封闭的较小洞室，凸形曲线上的车辆在接近变坡点时，前方的视距较小，通过变坡点后迅速进洞，易由于视距不足而导致交通事故，因此隧道洞口的变坡点应与洞门有一定的安全距离。罗圈梁隧道入口前接连续下坡，车速往往偏高，驾驶员在隧道口前易反应不及而引发交通事故。分析隧道出口段可知，三个隧道的出口均接连续下坡。驾驶员在出洞后由于行驶条件的改善，会提高车速，在连续下坡时遇到紧急事件往往难以控制车速而导致交通事故。同时，由于山区高速公路桥梁高桥墩的设置，又进一步增加了事故发生的概率和事故的严重程度。

道路纵坡与事故次数情况　　表 2-39

桩号范围	平均坡度(%)	事故次数	备注
K102+500～K105+920	3.7	10	连续上坡，桥 4 座
K105+920～K106+960	−1.131	11	楼子沟隧道 K105+960～K106+66
K106+960～K107+690	−3.8	6	连续下坡，桥 3 座
K107+690～K108+600	−2.6	12	罗圈梁隧道 K107+675～K108+56
K108+600～K109+470	−3.6	6	连续下坡，桥 1 座
K109+470～K125+300	2.77	80	连续上坡，桥 21 座
K125+300～K127+240	−2.8	21	篙庄梁隧道 K125+400～K127+10
Kl27+240～K130+148	−3.769	4	连续下坡，桥 3 座

下面从五个方面考虑纵断面线形与行车安全的关系。

a. 从车速方面考虑，纵坡大，上坡时大车速度往往偏慢，容易在超车时由于速度差距大而引起交通事故；下坡时小车速度往往偏快，易造成追尾；若隧道入口前是长大纵坡下坡且平面指标较高时，车辆速度往往偏高，而隧道洞口内外行驶条件差异大，易发生交通事故；若隧道出口是长大纵坡下坡且洞内平面指标较高时，出洞后由于行驶条件的改善，驾驶员往往会习惯性（条件反射性）地加速，车速也易偏高，若隧道洞口外线形指标偏低，易发生交通事故。

b. 从车辆性能方面考虑，长大纵坡不利于行车安全。在连续上坡路段，机动车水箱易沸腾、气阻，甚至发动机熄火，机件磨损增大，驾驶条件恶化，极易导致交通事故。在连续下坡路段，则由于需连续制动，易发生制动器发热失效或烧坏，从而导致交通事故。

c. 在设计上，应避免将隧道洞口置于小半径凸形竖曲线顶点处，应保证洞口前后视线连续，并具有足够长的行车视距。在满足视距情况下，竖曲线起终点置于洞口附近是允许的。

d. 在隧道内，隧道纵坡对行车安全的影响非常大，它主要受通风条件及行车舒适性等因素控制。从交通安全和洞内卫生条件分析，隧道的纵坡以小为宜。《公路隧道设计规范》JTG D70—2004 规定：公路隧道的纵坡不小于 0.3%且不大于 3%。

e. 在桥梁段，由于受地形限制，桥梁离地面距离一般较大，长大坡极易发生车辆撞桥梁护栏或坠车事故。

③ 平纵线形组合

车辆在行驶过程中，驾驶员通过自己的视觉、运动感觉和时间变化感觉来判断线形变化的。好的线形组合能自然诱导驾驶员的视线，并使驾驶员保持视觉的连续性。为取得良好的视觉诱导效果，平、竖曲线半径的大小还应均衡，合成坡度适当。平纵线形组合对交通安全的影响主要来自线形本身的变化对驾驶员视觉的诱导上。

平纵面线形指标突变，在短距离内出现速度差过大（大于 20km/h），易出现交通事故。隧道洞口内外行驶条件差异大，最易出现速度差大于 20km/h 的情况，故隧道进出口附近最易发生交通事故，特别是长大下坡后的隧道进口附近。因此，隧道洞口的平纵面线形组合应避免出现以下突变：

a. 进隧道洞口前连接的平面线形指标过高，甚至是长直线，纵面是大纵坡下坡，洞口附近又是小半径平面线形和小半径凹形竖曲线的情况；

b. 出隧道洞口后连接的平面线形指标过低，且纵坡大、坡差大、凸形竖曲线半径小，而隧道内平面线形为指标高、纵坡较大、一路下坡的情况；

c. 隧道洞口采用缓和曲线时，曲线超高渐变率过急。

2）路面状况

路面状况对交通安全的影响很大。高速公路上车辆行驶速度较高，为了获得良好的舒适性与安全性，对路面的平整度和抗滑性能的要求越来越高，提高路面的平整度和路面抗滑性，可避免交通事故的发生和减轻交通事故后的损失。

① 路面平整度

路面平整度是高速公路路面的两个主要使用性能之一。优良的平整度能保证车辆高速、舒适、安全地通行。

通过对包茂高速公路铜川段篙庄梁一段的路面平整度和交通事故次数分析得知，此路段事故多发的主要原因之一是车辆超速超载，路面平整度差。篙庄梁隧道出口的一段路面，车辙深达 8cm，加上车辆超载和超速行驶，行车危险性增大。由于事故样本数量有限，平整度对交通事故的影响规律不明显，但是可以发现，一般情况下事故发生次数较多的路段路面平整度也较差，这说明路面的平整度对交通安全有一定的影响，主要表现在：(a) 车辆在不平整的路面上行驶时，引起的振动会使车轮荷载对地面的作用发生变化，易发生追尾、撞击中央隔离带或防护栏事故；（b）当汽车在曲线上行驶时，由于存在横向力，当路面平整度较差时容易引起滑溜；(c) 在不平整的道路上行驶产生的颠簸会影响驾驶员的身心，增加工作负荷，易引发驾驶过失甚至导致交通事故；（d）在桥隧连接段，桥头跳车也对行车安全造成很大的影响，跳车通常发生在桥头、桥面损坏和桥梁伸缩缝处，这类跳车比较突然，严重影响行车舒适性和交通安全，极易发生追尾、侧翻，甚至引发车辆冲出桥梁护栏或撞向隧道口等事件。

② 路面抗滑性

路面抗滑性是高速公路路面的另一个主要使用性能。路面抗滑性不足的直接后果是导致路面滑溜。据调查，包茂高速公路铜川段桥隧群的隧道口是事故多发段。主要原因是路段货车交通量大，桥隧群所在路段海拔较高，南北两侧气温差别大，比铜川、黄陵平均气温低 2～3℃，冬季昼夜温差大，大部分货车的制动轮都加装有洒水设备，下坡时给刹车轮上洒水，导致路面潮湿甚至结冰，当临近隧道口车辆制动时极易发生侧滑、翻车事故。

进一步分析原因可知，在山区高速公路的桥隧连接段，由于隧道内环境的特殊性，许多工程采用了隧道内外不同的路面铺筑，即隧道内采用水泥路面，桥梁路面为沥青路面。从路面的力学特性分析，不同的面层材料有不同的抗滑性与不同的沉降，对行车安全影响较大。在高速行驶的车辆由潮湿沥青路面驶入干燥水泥的过程中，路面附着系数发生急剧变化，车辆一旦改变行驶速度，容易打滑失去控制，从而导致事故。因此，为保证行车安全和通行能力，沥青面层的表层必须有良好的抗滑能力，并结合设置警告标志、限制车速等方法来保障交通安全。

3）交通设施

交通安全设施是高速公路的重要组成部分，其作用主要在于对道路环境中存在的潜在危险因素（其中多数是由不良的道路设计造成的）进行弥补。交通安全设施的设置是为了有效地诱导驾驶员的视线，清除车流之间的相互干扰，达到交通畅通的目的同时，对于一些危险特殊路段，如急弯、陡坡、视距不良等，设置安全设施可以起到一定的防护作用，能有效地保障行车安全[19]。因此，高速公路交通安全设施在设计与设置时不但要从保障行车安全、降低事故损失、实行有效规范引导的角度出发，还应实现交通安全设施的人性化，使交通参与者在使用交通设施时感到方便、快捷、安全。下面从安全防护设施、交通标志标线两个方面来讨论山区高速公路桥隧连接段交通安全设施的设置对行车安全的影响。

① 安全防护设施

在山区高速公路的桥隧连接段上，由于桥梁多横跨河流、位于山区沟谷之中，车辆越出桥外会造成车毁人亡的重大恶性交通事故，因此，桥梁防护设施对于交通安全的影响至关重要。设置护栏一方面可防止行进中的车辆驶出路外或驶进对向车道，另一方面可对驾驶员的心理产生有利的影响。

虽然护栏可以防止车辆驶出行车道，但如果未对护栏端部进行合理处置，车辆与其发生碰撞时同样也是非常危险的。此外，护栏不连续或过渡不合理也存在事故隐患，因此，在隧道口处应该设置合适的护栏衔接或过渡方式，使驾驶员能平稳地改变行驶方向，有效防止车辆正面撞向坚硬的桥梁护栏发生严重事故。

② 交通标志标线

交通标志标线是以图形、符号、文字、线段向驾驶人员传递法定信息，用以管制、警告及引导交通的安全设施，它是为驾驶员提供道路综合交通情况的最基本途径，能加强驾驶员的安全行车意识，在一定程度上可起到规范交通、减少交通事故、便于交通管理的作用。从心理学的角度来讲，重复的生理刺激可以转换成强烈的心理反应，在行驶的过程中，标志标线对驾驶员有着持续的视觉刺激，由它所引起的心理反应会对道路交通安全产生一定的影响。在提高道路安全性的各项措施中，标志标线具有投资小、收效大、高性价比的特点。在可能的情况下，应首先考虑采用道路标志标线弥补安全缺陷，提高道路的安全性能。

标志和标线的设置能够为驾驶员提供道路综合交通情况信息，保障交通安全，但不合理的设置也会造成驾驶员的误解和误判。目前道路标志设置存在以下问题：

a. 标志牌不易辨认。道路标志被绿化树、广告牌、宣传牌遮挡影响驾驶员视线，而引发道路交通事故；

b. 道路标志老化，造成交通事故。由于过度使用、损坏和没有及时维护，道路标志的可视度降低，影响了道路标志标示功能，给安全行车带来障碍；

c. 在应该设置道路标志的地方没有设置道路标志。标志标线是改善车流行驶条件、增加道路通行能力、减少交通事故的重要手段。因此，山区高速公路桥隧连接段的交通标志标线设置应从以人为本出发，满足简洁明了、可视性好的要求，使驾驶人更清楚地识别桥隧基本信息、线形及其他管理信息，从而诱导驾驶人的驾驶行为。

（3）交通条件

分析交通条件与交通安全的关系主要从交通量、交通组成和车速这三个方面考虑。交通量的大小、交通组成的不同、车速的大小都会引起事故类型、事故率的变化及事故严重程度的不同。

1）交通量

在影响驾驶员行车的诸多交通环境因素中，交通量的影响起着重要作用。交通量决定着行车速度、交通流的行驶规律以及驾驶员的精神紧张程度，因此，也影响着交通事故率的高低。

根据有关研究表明，在交通量很小时，路面比较空旷，车辆之间的相互干扰小，行车自由度高，车速往往很快，一旦发生危险，容易造成躲闪不及，产生安全隐患，此时发生的事故多为单车事故；随着交通量的增大，干扰增加，行车速度随之降低，司机此时警惕性增强，道路的利用率变高，车辆间有一定的反应时间因而事故相对减少；当交通量进一步特别是交通流达到不稳定流状态时，车辆之间相互干扰就会严重，车辆变换车道超车需求增大，冲突随之增大，超车不当、避让不及等原因导致事故率增加，此时多发生剐蹭、追尾等多车事故；当交通流接近交通阻塞情况时由于车速大幅降低，事故率也降低。

2）交通组成

我国高速公路交通量的构成属于混合车流，其中，小汽车比重较低，中型货车比重较高。由于不同类型的车辆混行于高速公路，各种类型车辆对行车安全造成的影响是不一样的，这就对高速公路运营和安全方面带来了一系列问题。

据调查统计，包茂高速公路铜川段事故车辆类型主要为货车和轿车，所占比例为60%和28.6%。可见，混合车型对交通安全有一定影响，可从以下三方面进一步分析原因：

① 从车辆性能来看，由于各车型的动力性能存在差异，不同车型的速度差距大，导致车速分布更为离散，车速方差变大，易造成纵向干扰增大而诱发交通事故。

② 从事故发生的机理来看，车辆间的速度差最容易导致侧向事故和追尾事故。由于高速公路上交通量大，大、小型车的平均速度差大，车辆间相互干扰严重，为满足超车需求而变换车道的车辆比例增加，再加上超速行驶和疲劳驾驶，导致事故率很高，此时的事故多为剐蹭、追尾事故。

③ 从驾驶员方面来看，大型车会遮挡紧随其后行驶的小型车驾驶人的视线，易使小车驾驶员产生急躁情绪，为超车而不断变换车道，产生安全隐患；当大型车夜间行车较多时，驾驶员容易疲劳，加上超载现象严重，车辆在高速状态下的安全性能差，极易诱发交通事故。

一般来说，车型比例与事故率之间呈现出一种近似抛物线的发展趋势：当小型车比例大于 80%时，交通流趋于稳定，同样事故率也趋于稳定；当小型车比例小于 80%且大于 20%时，此时交通组成比较复杂，交通参数离散程度大，事故率增大；当小型车比例小于 20%时，交通组成以大型车为主，交通流再次趋于稳定，使原本分布比例比较离散的交通参数趋于均匀，事故率也趋于稳定。

3）车速

车速的大小主要对驾驶员处理危险情况反应时间的长短和碰撞的严重程度有较大影响。

车速大小对驾驶员能否恰当处理危险情况的影响主要表现在：①车速的快慢决定了驾驶员对危险的反应时间间隔的长短。驾驶员在危险情况出现之后，会有一个感知、判断和行动的过程，驾驶员必须在发现危险情况到危险发生的时间内完成信息处理的全过程，并做出正确的动作才能避免危险。因此，速度越快这个时间间隔就越短，反之则越长；②车速对驾驶员面临危险时的情绪有影响，车速越快则驾驶员面临危险时越容易紧张，紧张的情绪会提高驾驶行为的失误率，某些性格气质的人还会手忙脚乱，造成反应时间的延长甚至发生误操作。

交通事故的严重程度取决于碰撞过程中发生碰撞两物体间的相对速度。因此，车辆与车辆之间的碰撞事故取决于两车之间速度的差异。研究表明，运行车速的离散性被认为是研究车速对事故影响的更直接指标，车辆的车速与平均车速的差值越大，即车速分布越离散，事故率就会越高。

（4）气候环境状况

交通安全运行与气候环境状况密切相关。气候因素对交通安全的影响在客观上主要体现在对路面条件、能见度的影响，主观上主要是对驾驶员心理和生理机能的影响。驾驶员在桥隧连接段上特别是多个桥隧相连的路段上行驶时生理和心理变化较大，不利气候的影响会进一步增加驾驶员的压力，容易带来驾驶操作的不稳定性，不利于行车安全。根据对包茂高速公路铜川段交通事故进行分析发现，将近一半的事故发生在不利气候条件下。可见，交通事故的发生与不利气候条件关系密切。因此，本文主要针对研究不利的气候环境与桥隧连接段交通安全的关系。对山区高速公路桥隧连接段交通安全影响最大的不利气候环境主要包括：雾、雨雪、冰冻和侧风。

1）大雾对交通安全的影响

山区雾天多且浓雾难以消散。大雾对高速公路安全的影响非常大，主要表现在能见度低、路面湿滑、影响驾驶员心理这三个方面：

① 能见度降低。观测表明大雾天气下大气能见度一般在 50～100m 之间，而在严重的浓雾天气，大气能见度仅有 10～50m，在这两种情况下，大气能见度已经不能满足停车视距要求。由于能见度低，驾驶员的视线障碍较大，致使驾驶员估计车距、车速不足，对交通标志、路面设施识别困难，容易形成追尾、撞隧道口和桥梁护栏等事故；当气温下降到零度以下，汽车挡风玻璃上极易结霜且不易擦掉，进一步影响驾驶员的视线；在浓雾天气条件下，路面湿度大，在高速行车时，容易发生侧滑、翻车及车辆冲出路外的交通

事故。

② 路面湿滑。在浓雾天气下，空气湿度高，轮胎与路面的附着系数减小，当温度比较低时，容易在道路表面形成一层薄冰，附着系数下降更为明显，从而导致制动距离加长、制动跑偏、行驶打滑等现象发生。

③ 影响驾驶员心理。大雾天气容易造成驾驶员心理紧张、判断能力降低，不能及时调整驾驶行为，在突发情况下易因措施不当而造成交通事故。

2）雨雪对交通安全的影响

雨雪给车辆行驶带来的不利影响主要表现在以下如下三个方面：

① 路面的附着系数明显减小。路面上有雨雪时，路面的附着系数明显减小，车辆附着力下降，制动距离增长，危险性增加，容易引起车的横向滑移、滑溜及翻车，对道路的行车安全造成很大的影响；

② 显著降低能见度。降雨本身会降低驾驶员前方的能见度，而且在路面存在积水层的情况下，车辆高速驶过会带起水雾，这种水雾也会降低能见度，降雪和风吹雪扬起的雪粒也会降低大气能见度，严重的风吹雪甚至会使能见度降至不足10m，从而影响驾驶员对前方情况的判断；

③ 容易产生雪盲现象。雪后晴天时，由于积雪对阳光的强烈反射作用，十分耀眼，会产生雪盲现象，使驾驶员视力下降，对行车安全极为不利，另外，积雪会造成路面与路外的景物颜色一致，从而影响驾驶员对道路走向的判断。

据统计，包茂高速公路铜川段发生在冬、春季的交通事故占65.6%。可以看出，在冬、春季节，由于雨水丰富、雪天较频繁，温度变化不稳定，路面状况易出现恶化状况，因此事故发生率较高。

3）冰冻对交通安全的影响

路面冰冻是由于车辆的反复碾压、白天日晒形成表面高温，导致路面积雪的融冻和潮湿的空气在低温情况下形成霜冻。路面冰冻会严重降低轮胎与路面间的摩擦系数，影响车辆的正常制动。在桥隧连接段，凌空的桥面和上下桥交界处易结冰，会给缺乏高速行车经验的驾驶员造成极大的威胁。此外，驾驶员在恶劣气候条件下也将产生一系列的异常心理，如情绪低落，身体不舒适等。

路面冰冻引发的交通事故体现以下特点：

① 事故伤亡率高；

② 事故车辆多，损失严重，社会影响大；

③ 追尾事故多。

表2-40所示为近几年由于路面冰冻原因发生在山区高速公路桥隧连接段的重大交通事故。

4）侧风对交通安全的影响

由于山区高速公路一般海拔较高，汽车在桥梁上行驶或驶出隧道洞口时，经常受到侧风的影响，汽车在横向大风作用下气动特性将影响车辆的安全行驶。当行驶的汽车受气动侧向力的干扰时，会引起轮胎侧偏和非稳态转向，致使汽车偏离预定行驶方向，对汽车的操纵稳定性产生很大的影响。为了消除这种偏离需要驾驶员随时调整转向盘，这将导致驾驶员过早疲劳并增加行驶的危险性。

路面冰冻引发的重大交通事故情况　　表 2-40

时间	地点	事故情况
2006 年 11 月	铜黄高速公路	隧道段路面结冰，连续发生 5 起交通事故，6 辆货车或侧翻或追尾，无人员伤亡
2007 年 10 月	西汉高速公路	隧道出入口处及桥面结冰，40 辆车发生车祸，4 人死亡，5 人受伤
2007 年 12 月	西柞高速公路秦岭终南山隧道以北	桥面结冰，5 车发生车祸，2 人死亡，5 人受伤
2008 年 1 月	西铜高速公路	路面结冰，4 车相撞，8 人死亡

2.5.3　山区高速公路桥隧连接段交通安全改善研究

2.5.3.1　山区高速公路桥隧连接段交通安全改善方向的确定

根据事故特征分析可知，山区高速公路桥隧连接段的交通事故主要是由于人—路—交通条件—气候环境这个系统的各要素自身或相互作用失调而造成的，因此，山区高速公路桥隧连接段的交通安全改善需要从系统的角度出发。按照系统安全的观点，系统安全的改善不能片面地、孤立地针对一个方面进行，必须全面审视系统各方面因素存在的问题，并从各方面的互动关系出发进行改善。安全改善的方向可以是系统中与安全相关的任何因素。针对不同的因素，应根据它对交通安全的影响特点，制定相应的改善方向。

（1）人

人的不安全行为是引发交通事故的主要原因。交通参与者具有很强的主观性，针对人的安全改善应该在实行强制性的要求、规范的同时，辅以宣传、教育和培训。另外，驾驶员受其他因素的影响而产生的心理和生理反应对安全行车有很大的影响，因此，其他因素的设置应从驾驶员角度出发，尽量做到人性化设计。

（2）道路

道路是交通行为发生的主要场所，道路几何线形、路面状况、交通安全设施等都会对交通事故发生的频率和严重程度产生影响。对道路的改善，主要从两个方面考虑：改善道路自身安全性能，给大多数车辆和驾驶员提供一个安全、顺畅的行车环境；改善安全服务能力，充分发挥道路设施对交通流的引导和安全防护作用，为驾驶员提供安全舒适的行车环境。

（3）交通条件

交通条件主要包括交通量、交通组成和车速三个方面。交通量的大小、交通组成的不同、车速的大小都会引起事故类型、事故率的变化及事故严重程度的不同。因此，在进行安全改善研究时应考虑车道设置、速度控制、车型限制等问题。

（4）气候环境

气候环境因素是引发事故的最深层次原因，它会直接或间接引发事故。气候环境作为一个自然因素，在进行线形设计、交通工程设施的设计和景观设计时就应充分考虑到它对交通安全的影响。同时，应针对所在区域的气候环境，制定重大自然灾害的应急措施，对突发情况做出快速、适当的反应以尽量避免由于诱发事故造成的损失。

2.5.3.2 山区高速公路桥隧连接段交通安全改善步骤

交通安全改善不能盲目进行，需要在找准改善方向之后，遵循一定的改善步骤，确保系统各要素配合地产生改善效果，从而实现改善的目标。

交通安全的改善过程是一个认识问题、分析问题、解决问题的长期过程。交通安全的影响因素众多，在实施改善之前应首先掌握改善对象的特点，通过调查分析，获得改善对象存在的安全隐患，然后制定有针对性的改善方案，最后实施。因此山区高速公路桥隧连接段交通安全的改善应遵循以下步骤：

（1）对路段进行系统化的安全分析，找出事故发生的影响因素收集路段交通事故统计资料，对其交通事故特征进行深入分析，找出事故成因。

（2）对路段进行安全性评价，进一步排查安全隐患事故的发生是各因素综合作用的结果，进一步对该路段的交通安全问题进行系统化的安全性评价和分析，找出路段事故多发的原因。

（3）制定符合路段特点的系统化改善对策根据成因分析制定改善对策。交通安全的改善应从具体情况出发，考虑一定的优先次序，本着先易后难、远近结合的原则，首先从完善交通安全设施和交通管理设施入手，为安全行车提供充分的防护和信息提示，降低事故造成的损失，然后再进行线形改造等根本性的治理。

2.5.3.3 山区高速公路桥隧连接段交通安全改善对策制定

根据上文对山区高速公路桥隧连接段的事故成因分析，为减少交通事故，降低损失，考虑到桥隧连接段设计、施工、运营的全过程，下面从道路条件、不利气候环境、交通管理三方面对安全改善措施进行研究。

（1）改善道路条件，不断完善交通工程设施

首先，从利于交通安全出发，对一些设置不当的标牌、标志进行重新布置，保证标牌、标志鲜明醒目，同时在道路上增加适当的可变信息标志，以利于驾驶员随时了解前方交通现状和路面情况。具体措施如下：

① 合理设置标志牌。根据具体情况控制标志牌与隧道口、标志牌之间的间距及标志牌高度。在距离隧道进口 1000m 处左右，连续设置交通标志牌，告知驾驶员即将驶入隧道，以产生自然降低车速的心理效果，要考虑标志牌的设置距离，一般以 100～200m 为宜；

② 合理利用 VMS 交通可变信息标志。VMS 交通可变信息标志是电子化、信息化、智能化的交通标志。可变信息标志以其实时和动态的特点适合于偶发事件、非常规事件的管理，适合于对交通流的实时诱导，其反馈式的特点使其也适用于对运行存在潜在的不安全因素，超速超载车辆进行实时纠错警告，保障行车安全。在桥隧连接段设置一定量的交通可变信息标志，能起到诱导交通流的作用，特别是在隧道的入口处，同时在夜间阴雨天

雾天等光线不好的情况下，VMS由于使用了高亮度的LED像素管，具有自动发光、亮度自动调节、雾天穿透力强等特点，弥补了静态标志信息部分失效的情况；

③ 在桥隧连接段全段设置限速标志。在隧道入口附近，采用指示性措施给驾驶员一种信号，告知他们即将进入隧道，要减速慢行，具体方法有三种：a. 设黄色渐近标线。通过黄色渐近线的过程给驾驶员一个速度加快了的印象，促使驾驶员减速行驶，以确保安全。据国外经验，设置黄色渐近标线后可使追尾事故减少85%；b. 设置微凸标线。汽车在上面行驶速度过高时，微有颠簸，给驾驶员提示接近隧道入口应减速行驶，以降低行驶速度，标线的设计应合理，不能影响车辆的行驶，不能有事故隐患；c. 设雷达测速区。雷达测速仪是用来监测车速的一种先进交通设备，但有时人力、物力难以满足要求，所以可以采用雷达测速区的标志。在设置这种标志的地区不一定都有交通警察用雷达测速仪监测车辆行驶速度，但同样能产生一种威慑作用，让驾驶员自觉降低车速；

④ 改善桥隧连接段照明效果。在隧道出入口设置遮阳棚、减光格栅，桥隧连接段全段应设置灯光设备，尤其应在隧道的出口外10～150m内设置必要的灯光设备，以减少司机夜间行车在出隧道时对光线的不适应。白天照明的隧道，照明设备可分为引入段、适应段、过渡段、基本段和出口段；

⑤ 加强车辆控制策略，对大货车的超载进行控制和处罚；同时要禁止大货车在桥隧连接段使用超车道，防止由于大货车与小型车之间的速度差异发生的追尾碰撞事件；

⑥ 公路管理部门要切实做好养护工作，提高维修作业速度和养护质量，不断完善道路服务设施。在维修作业现场及材料堆放场，应设置警告标志，以确保交通安全。

(2) 保障不利天气行车安全

1) 改善雨天行车安全

① 阻止雨水进入隧道。隧道保持干燥状态，能大大提高隧道内及隧道洞口的行车安全，因此，当隧道洞口处于上坡坡段时，可以设置横向排水沟，截住路面上流向洞口的雨水；

② 清除隧道路面表面的烟尘污染，从而提高路面的抗滑性能，减少交通事故；

③ 限制车速，当能见度较低时，车辆应开启宽灯、尾灯。

2) 改善冰雪天气行车安全

① 加强对桥隧连接段冰雪情况的监控和道路巡查，在路旁设置预警标志，利用可变情报板，发布限速信息。

② 在路面上撒工业盐、砂、融雪防冻材料，防止积雪冻结，并且快速铲除残雪、积水，防止夜间气温降低再次结冰。

3) 改善雾天行车安全

① 加强雾天的道路安全管制，设置明显的警示标志及制定合理的车速限制值，提醒司乘人员注意安全，采取间隙放行车辆等方式加强临时交通管制，同时，完善交通安全设施，在多雾段安装发声电子显示装置，在道路两侧设置透雾性能很好的雾灯，标示道路的轮廓和前进方向，缓解驾驶员的心理压力和驾驶疲劳，以有效地减少交通事故的发生。

② 在多雾段，及时破坏雾的形成条件，达到除雾的目的，可以播撒吸湿性粒子，破

坏暖雾的形成，或者在雾未形成之前，使用表面活性剂，减慢水滴增长率，防止或推迟雾的产生。

③ 加强车辆安全检查。严格检查车辆的防雾灯、其他各类灯光装置及车辆制动等机械性能是否完好，要求雾天必须打开防雾灯、近光灯、宽灯和尾灯。

（3）改善交通管理

1）完善、健全高速公路交通法规及相关标准。随着我国高速公路建设的重点向山区转移，山区高速公路的桥隧比重越来越大，桥隧的数量和长度不断增加，桥隧连接段的安全问题越来越突出。现行的《高速公路交通管理方法》已不能适应山区高速公路交通管理所面临的严峻形势，相关标准也不能适应山区高速公路特殊路段的具体情况。因此，加强高速公路交通管理立法工作，进一步完善、健全相关规范及标准尤为重要。

2）加强道路交通管理现代化科学研究。要不断提高高速公路交通安全水平，大力加强科学研究。在充分借鉴国内外高速公路交通安全科学研究成果的基础上，根据山区高速公路桥隧连接段的具体情况对其交通安全问题进行系统研究，寻找出合适的交通安全管理对策，真正将交通事故的危害性降低到最低限度。

3）运用现代科技管理方法，完善交通信息采集、处理及控制策略的功能。桥隧连接段作为提供道路功能的瓶颈路段，具有安全隐患大、难以管理的特点，因此，应充分利用已有的设施，健全桥隧连接段的交通监控设施和道路通信系统设施，建立完善基础数据的保存和处理体系，采用现代化、智能化管理手段，了解掌握运营状况的一般规律，从而为预防性养护管理提供科学依据，提高养护管理水平。

4）建立高效、完备的交通事故紧急救援系统。目前，一些学者已开展了对高速公路紧急救援系统的研究，但是，桥隧连接段作为山区高速公路的一个特殊路段，其交通事故紧急救援工作还非常薄弱，有针对性的交通事故紧急救援体系尚未建立，同时由于地形条件的复杂性，救援难度大，加重了交通事故的严重程度。因此，借鉴发达国家先进经验，依靠先进的科学技术，建立以缩短紧急救援对策的响应时间、提高救援的有效性和可靠性、恢复道路通行能力、降低直接和间接的经济损失及人员的伤亡为目的的山区高速公路桥隧连接段交通事故紧急救援系统是亟须解决的问题。山区高速公路桥隧连接段交通事故紧急救援系统框架如图 2-15 所示。

① 异常交通信息采集系统

准确、及时、高质量的紧急信息采集与事件探测是紧急事件救援的前提条件和关键。该系统通过人工检测与报警、监控设备自动检测与报警、实时交通安全性分析这三个方面提供当前紧急事件的数据。控制中心可根据这些数据，准确地收集到事件发生区相关信息资料。

② 山区高速公路桥隧连接段交通事故紧急救援系统信息平台与决策支持系统

这是紧急救援系统的核心部分，其主要功能是信息处理和决策分析。信息处理包括调用事故数据库进行事件检测和紧急事件的确认与分类。决策分析包括救援资源的配置与调度方案，危险品运输事故的紧急救援方案，紧急救援决策支持预案的制定。决策分析是交通事故紧急救援的难点。决策系统的主要功能是生成针对具体事故的应急方案集，并能找

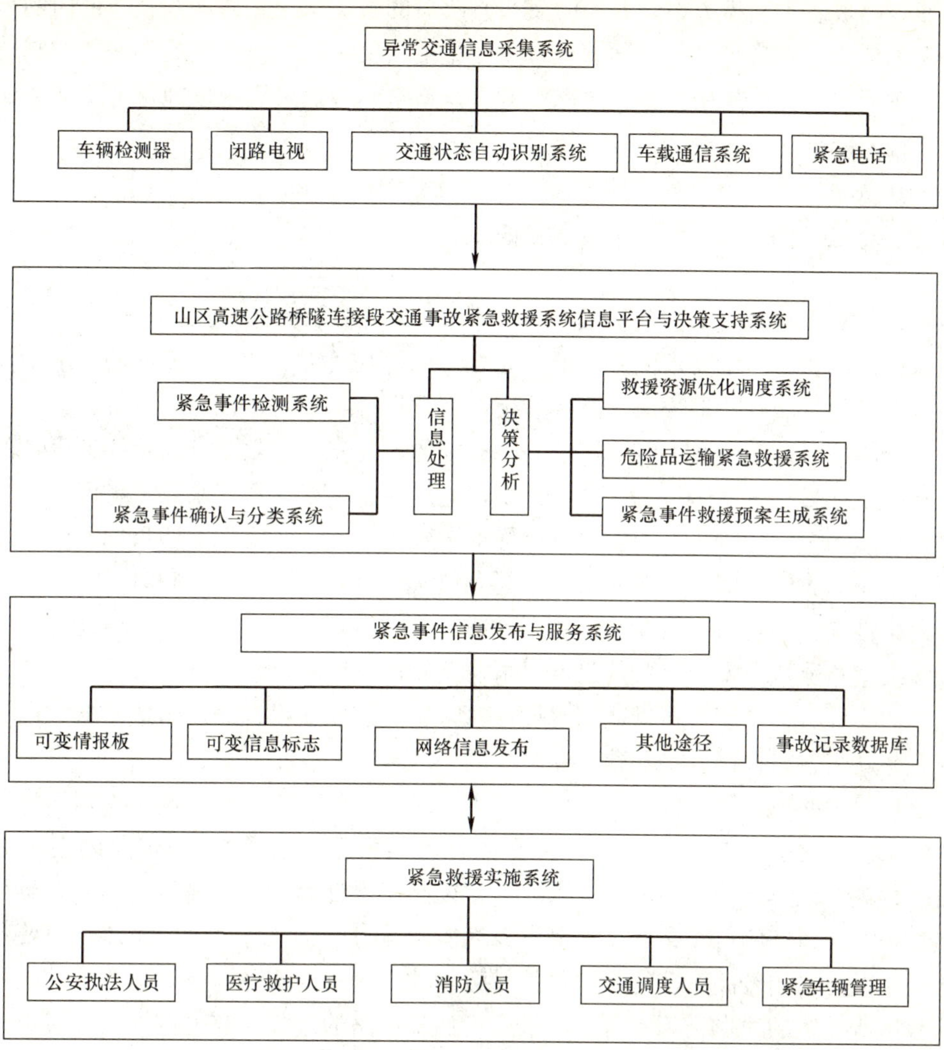

图 2-15　山区高速公路桥隧连接段交通事故紧急救援系统框架图

出最理想的应急方案。救援中心利用辅助决策系统，根据监控中心提供的交通事故相关信息，通过具体的决策算法和优化算法提出多个方案，最终由人工选择合适方案。

③ 紧急事件信息发布与服务系统

通过应用高速公路交通诱导信息显示屏、交通广播、手机短信和互联网等途径，实时发布事故处理及交通控制情况，让出行者、运营者、所有交通参与者及时了解交通信息，实现提供驾驶员导行及出行者服务的功能，对车辆、出行者等给予一定的诱导和控制，以合理分流交通流量，减少事故对正常交通的影响，保障通道畅通。

④ 紧急救援实施系统

该系统在救援方案被确认后启动。救援中心生成救援方案并通知相关部门派遣救援资源及对救援资源进行部署，由医疗部门负责立即抢救和处理伤亡人员，确保整个救援过程有序地进行；对整个救援过程实施全程监控，随时跟踪事故现场的最新动态，必要时迅速调整或重新生成各类救援方案，并及时发布修改后的救援指令，协调各救援部门的行动及救援资源的使用；对现场进行交通管理，主要包括：警示牌的设立、现场交通控制点的设立、车道关闭与开放、使用可替代道路、管理车道空间等，最大限度地保持交通流的连续性、顺畅性，降低交通延误[4]。

2.6 道路运行速度与交通安全的研究

道路设计是以满足汽车的行驶要求为依据的，道路线形设计必须符合汽车的行驶特性，在保证汽车行驶力学要求的基础上，充分考虑驾驶员视觉和心理方面的要求，注重立体线形设计，尽量做到线形连续、指标均衡、视觉良好、景观协调、安全舒适，车速是公路线形设计的核心控制参数，直接影响公路设施的营运安全与效率，道路线形设计的一个重要指标就是把影响汽车运行的各种设计要素通过一条主线联系起来综合考虑，尽量保证汽车在全线能均匀地运行，从而做出一个标准一致的设计。为实现上述目标，国际上一般采用两种不同的方法，即设计车速法和运行车速法，汽车在道路上行驶时，驾驶员是按地形和沿线条件选择各自适应道路线形的驾驶速度，当道路本身的平、纵、横几何组成要素超过该等级道路上汽车安全行驶的最低要求，且交通密度、地形、气候等外部条件又适宜时，汽车的实际运行速度常接近或超过设计时采用的速度，设计采用车速越低，出现这种现象的概率就越大，进而容易导致交通事故的出现。

我国现行道路设计是以设计速度作为基本技术依据的。从几何要素考虑，设计速度实际上是汽车在道路受限路段安全行驶的最大车速。一般情况下，一条道路的受限制段较少，汽车行驶在线形指标较高的非受限段上常以高于设计速度的车速行驶。驾驶员行驶在公路上总是根据道路的行车条件及车辆本身性能和自身的特性等来确定车速，只要条件允许，总是倾向于采用较高车速行驶，这就导致驾驶员采用的实际运行车速所需的线形指标与设计车速所确定的线形指标不符合，从而增加了道路的危险性和失调性。针对设计速度方法存在的问题，美国、德国、法国和澳大利亚等发达国家广泛运用了以运行速度概念为基础的路线设计方法美国、德国、澳大利亚等国家首先提出并选用 $v_{85\%}$，表示路段上的汽车实际运行速度，选取 85%位车速作为评价标准，则在该路段行驶的所有车辆中，有 85%的车辆行驶速度低于此速度值，只有 15%的行驶速度高于此速度值，该车速值满足了多数车辆的行车需求，并且反映出实际安全行驶的最大速度，达到了速度与安全的最大平衡。从道路安全的角度，选用 $v_{85\%}$ 作为路段实际运行车速也是比较合理的，主要体现在：

① 采用 $v_{85\%}$ 作为实际运行车速满足了多数车辆的行车需要，代表了绝大多数车辆的行驶要求；

② 从安全角度来看，$v_{85\%}$ 更好地反映出实际行驶的最大速度，从几何条件上很大程度保证了汽车行驶的安全性；

③ 采用 $v_{85\%}$ 避免了平均车速、设计速度一刀切的做法，能更好地满足汽车行驶在曲线段上所期望的速度。

1994 年，美国 AASHTO（美国各州公路与运输工作者协会）虽仍以设计速度作为公路线形设计标准，但同时利用运行速度作为辅助工具来评价公路的先行设计质量。近年来，很多西方国家（如澳大利亚、瑞士、瑞典等）也开始重视和采用运行速度来设计评价公路线形的质量。由于在公路上行驶时，驾驶员是按照沿线条件自由选择适应公路线形的驾驶速度，即运行速度行驶。因此，运行速度反映了驾驶员对各种限制公路线形连续性影响因素的视觉、心理感受，因而以运行速度概念为基础来研究、解决道路线形设计问题，可以避免采用设计速度指标的盲目性和不具体性。由于线形指标连续与否也通过车辆的运行速度是否连续体现，所以采用运行速度对道路线形质量进行分析具有可靠性。运行速度是从实测数据中确定的，依据运行速度确定的线形设计要素不但满足了车辆的行驶要求，还考虑了各种影响实际行驶车速的因素，而且解决了设计要素间（如平、纵曲线半径，纵坡、超高、加宽等）的相容问题，考虑的因素更加全面，设计更加科学。早在 1970 年，Leich 就发现基于设计速度概念的公路设计不能确保线形一致性，因为当设计车速低于 90km/h 时，运行车速与设计车速往往相差较大。此外，他通过研究还发现货车和客车的车速差较大，因此，他提出了保证线形连续性的 15km/h 原则：

① 尽量避免降低设计车速，不得已情况下降低值不要超过 15km；

② 一条公路全线的平均客车运行速度变化值不应超过 15km；

③ 货车的平均速度和客车的平均速度相差不能超过 15km/h。

美国有关部门通过对收集的大量数据进行研究提出，道路相邻平曲线段的运行速度差与该曲线段的安全状况存在密切的关系，如表 2-41 所示：

运行速度变化趋势与交通事故率的相关性　　　　表 2-41

运行速度梯度	平曲线个数	三年累计事故数	事故率(次/百万车公里)
$\|\Delta v_{85\%}\|<10$km/h	4518	1483	0.46
10km/h$\leqslant|\Delta v_{85\%}|\leqslant$20km/h	622	217	1.44
$\|\Delta v_{85\%}\|>20$km/h	147	47	2.76

综上，运行速度的合理采用有利于道路几何设计和交通安全评价，主要体现在：

① 运行速度是根据实际车速确定的指标，能够满足车辆实际速度的需要；

② 运行速度考虑了绝大多数驾驶员的交通心理需求；

③ 采用与运行速度相关的各种控制指标，可以保证行车速度的连续性和一致性。

运行速度的引入，可有效解决路线设计指标与实际行驶速度所需要线形指标脱节的问题。应用运行速度设计公路，可以提高公路的安全性。

2.7　道路交通系统与交通安全研究

从系统论的观点来看，道路交通系统是由人、车、路、交通环境四大要素构成的一个复杂系统，其各组成要素又自成系统，各为子系统，这些子系统既独立作用又相互制约，它们本身的可靠性程度和它们之间的相互作用决定了这个复杂系统的运行状况和交通安全水平，同时，道路交通安全系统的这四大要素中的潜在危险性，主要体现在主观方面（驾驶员、乘客、行人等交通参与者）的不安全行为和客观方面（道路、车辆、交通环境等）的不安全状态，只有这四大要素相互协调、相互配合，才能使道路交通这个大系统处于最优状态。

然而，道路交通系统的运行又是一个很难控制的随机过程，由于人的生理特点的原因，在参与交通的过程中间，难免会出现各种不利于交通安全的行为；同时，由于人们对交通系统中的客观要素研究不够深入，从而对车辆、道路、交通环境的运行特点及其对交通安全的影响缺乏足够的认识，以上各种因素交织作用，使得交通事故成为现代交通系统中一个不可避免的副产物，所以绝对的交通安全是不存在的。

事故成因是指诱发事故的各种因素。从表面上看，每一起交通事故都是偶然的、孤立的，有各自的成因和表现形式。但从大量的交通事故中，人们不难发现在某个特定的事故多发点或事故危险点，某些事故成因具有明显的突变，发现这些事故成因与事故所表现出的特征之间存在内在的相关关系，表现出一定的规律性。

在人—车—路—交通环境构成的交通系统中，影响交通安全的因素既有人，还有道路、车辆和交通环境，它们相互作用、相互影响，然而，长期以来人们在分析事故的原因时倾向于人为因素，割裂了人—车—路体系中 3 个因素之间存在的相互联系，特别是对道路因素在交通安全中的作用认识不足，但对交通系统而言，道路是基础，它将对系统的失衡、事故的发生起到直接或间接的作用。事实上一起交通事故的发生，不能仅仅把它看作是人—车—路因素中某一独立环节的失调引起的，而往往是由两个或多个因素共同作用的结果。但在一般事故处理现场只能确定其中一种为主要原因，道路条件这一重要因素往往被忽略。理论上要求驾驶员应该对驾驶中各种因素的变化心理应有所反应，而且在某种程度上应能预见到，并用相应的方式补偿这些因素变化的影响，力求确保安全行驶。但是这种要求是苛刻的，因为人不同于自动化的系统，在有限的时间内，驾驶员要直观地根据眼前出现的复杂情况进行判断，并做出可能的应付方案。神经处于高度紧张状态下极有可能出现错误，从而发生事故，尤其在疲劳状态下事故的数量与可能性增加。除少量事故是真正由于驾驶员粗心驾驶引起的以外，大量的事故是由于困难的行驶条件引起的，而困难的行驶条件则与道路规划、设计及养护有关。

苏联学者对全苏联境内Ⅰ～Ⅴ级公路上 13000 余起道路交通事故进行分析，并仔细考虑了事故地点道路的特征后，得出的结论为：由不良道路条件影响引起的事故数占事故总数的 70%。欧洲联合经济委员会在关于预防道路不幸事件问题的研究中指出：70%的事故是由于道路的缺陷所致。

实际上我国公安部门在处理交通事故时也均未追究道路设计人员的责任，从而导致交通事故的产生与道路设计人员无关的假象。事实上据统计，有 20%～40%的交通事故与道路条件有直接关系，有 50%～60%的交通事故与道路条件有间接关系。因此深入细致地分析道路因素与事故的关系，为道路设计和交通事故的道路线形安全分析与评价预防提供依据，尽量减少道路因素对事故的影响，将是我们交通工作者的一项艰巨的任务。

2.8　道路交叉口交通安全设计问题研究

2.8.1　公路平面交叉口交通安全现状

交通事故造成的伤亡是全球共同关注的问题。而公路平面交叉路口则是公路交通事故的集中发生地，如能有效改善平交路口的交通安全性，即可有效提高公路的交通安全。在发达国家，平交口的交通安全已受到极大的重视，对交通安全技术的研究已广泛深入；而在中国，公路平交口的交通安全性较差，交通安全技术也相对落后，因此研究公路平交口的交通安全设计对降低公路交通事故率和死亡率具有重要意义。本文旨在分析中国公路平交口的交通安全现状，针对所存在的交通安全问题，确定影响公路平交口交通安全的主要因素，结合中国公路特征和发展趋势，并运用先进的接入管理技术，提出了改善公路平交口交通安全，提高通行能力和运行效率的公路平交路口安全设计方法，以实现公路平面交叉口总体交通安全效益最优化，创造安全、高效、文明、和谐的公路交通系统。

公路平面交叉口汇集了来自各个方向的交通，是公路使用者转换行驶路线的枢纽，在公路网系统中居于核心地位，也是交通事故集中的地方。主要原因是来自多个方向的各种机动车、非机动车、行人穿行其中，驾驶人在通过平交口是要在短时间内完成一系列复杂的操作，包括读取交通指示、遵循交通控制、实施转向、避开行人和非机动车等，每一次操作的失误都有可能导致交通事故的发生。据统计，2003 年，中国公路上国内发生交通事故 389773 起，造成 80589 人死亡，300694 人受伤。城市道路发生交通事故 277734 起，造成 23783 死亡、171480 人受伤。公路与城市道路交通事故起数比为 1.4∶1，而公路交通事故死亡人数是城市道路死亡人数的 3 倍，公路上平均每 5 起事故死亡 1 人，城市道路上平均每 12 起事故死亡 1 人。可见，中国道路交通安全形势非常严峻，死亡人数呈上升趋势。2001 年以来，连续三年交通事故的年死亡人数超过 10 万人，平均每天死亡 300 人，公路交通安全与城市道路相比更突出，特别是发生在交叉口的交通事故，在导致人员伤亡的交通事故中，约占 50%。因此，探求公路平面交叉口的交通安全改善设计，不仅有助于道路通行能力的有效发挥，而且对中国道路交通安全状况的改善具有重要意义。

针对公路平面交叉口的交通安全设计，国内外交通工程人员进行了大量的研究工作，提出了一系列旨在改善和评价公路平面交叉口交通安全的技术。其中，有些技术已经相当成熟，有着较为坚实的理论基础和工程实践；有些技术刚刚提出不久，尚需实践检验，但有着较为广阔的应用前景。下文主要从中国公路平面交叉口交通安全影响因素的分析入手，对现有的公路平面交叉口交通安全技术进行分析，并运用先进的接入管理技术，提出了改善公路平面交叉口交通安全、提高通行能力和运行效率的公路平交路口安全设计方法。

2.8.2　公路平面交叉口交通安全影响因素分析

公路平面交叉口交通安全是一个非常复杂的问题，既涉及机动车、非机动车、行人之间的相互冲突，又涉及车辆、行人与交叉口环境之间的相互作用；既受公路交叉口道路交通环境条件的影响，又受公路交叉口交通参与者的制约。

公路平面交叉口交通环境主要包括：交叉口几何特征、交叉口支路接入和交叉口运行条件。公路交口几何特征主要包括交叉口相交道路的交角、平纵横线形、视距、车道宽以及车道划分、渠化等因素，是决定公路平面交叉口交通安全的主要因素。交叉口支路接入是指交叉口附近区域支路接入的数量、接入位置和接入方式，它对公路平面交叉口交通冲突和严重程度有着重要影响，也是影响交叉口交通安全的关键因素。交叉口交通运行条件是指由标志、标线、信号灯等交通管理与控制设施所组成的交通运行环境；良好的交通运行条件可以弥补交叉口几何特征方面的缺陷，减少交通冲突的数量、降低交通冲突的严重程度，引导交通流平稳有序地通过公路平面交叉口，提高公路平面交叉口的交通安全水平。

公路平面交叉口的交通参与者主要包括机动车、非机动车和行人，其物理特征、行为特征和时空分布特征对公路平面交叉口的交通安全有重要影响。

公路交叉口道路交通环境应符合交叉口交通参与者的特征和需求，遵循以人为本的思想，根据交通参与者的特征合理设计和营造道路交通环境是提高公路交叉口交通安全的核心内容，通过分析交通事故的环境诱因并加以消除，从而使公路交叉口交通安全得以改善，交通安全水平得以提高。

2.8.3 公路平面交叉口交通安全技术设计分析

公路交叉口交通安全技术，按应用的方式主要可以划分为三类：公路交叉口交通安全诊断技术、公路交叉口安全改善技术、公路交叉口交通安全评价技术。这三类技术之间相互紧密联系，共同构成公路交叉口交通安全技术体系。

公路交叉口交通安全诊断技术是利用非事故预测、通过现场调查方法判断交通事故产生的可能原因，然后根据实践经验和理论经验分析科学评价交叉口的安全隐患，提高交通安全的预防性，为交叉口交通安全改善措施的提出指明方向。

公路交叉口交通安全改善技术主要包括交叉口几何设计技术、交叉口接入管理技术和交叉口交通控制技术，它们分别通过改善公路交叉口的几何特征、支路接入和交通运行条件而改善公路交叉口的道路交通安全，是交叉口更好地服务于道路使用者的安全要求，减少交通冲突的数量，降低交通冲突的严重程度，从而达到提高公路交叉口交通安全的目的。公路交叉口交通安全改善技术以交通安全改善措施为基础，与交叉口安全诊断技术有着直接的联系，针对交通安全问题的每一个交通安全问题，交通安全改善措施都有一个或多个改善措施与之对应，也即针对公路交叉口交通安全诊断技术的分析结果，交通安全改善技术就可以提出与之相匹配的交通安全改善措施，交通安全改善技术并对各项改善措施的效果进行分析，确定改善措施的效益和成本，为公路交叉口交通安全改善方案的制定提供支持。

公路交叉口交通安全评价技术可分为交通事故评价技术和交通冲突评价技术。交通事故评价技术以交通事故的统计数据为分析的基础，意义明确可靠，是广泛接受的评价方法，但由于交通事故数据需要长时间的积累，其应用范围受到一定程度的制约。交通冲突评价技术通过观测人员对公路平交口交通冲突发生的频率和严重程度进行观测而实现对其交通安全状况的评价。交叉口评价技术必须根据交叉口交通安全诊断技术和改善技术的实际需要开展研究。

交通安全诊断技术和改善技术提出各种可能的公路交叉口交通安全问题和改善措施，交通安全评价技术则根据要求分析和界定交通安全问题的严重程度，获取、积累和分析交叉口交通安全改善措施的改善效果；交叉口交通安全改善技术的研究也必须和交叉口交通安全诊断技术的研究有机融合起来，对于诊断技术所提出的每一个交通安全问题，改善技术都要有相应的改善措施。通过交通安全技术之间的紧密衔接，不同技术有机地联系起来，成为一个完整的紧密联系的技术体系，该体系如图 2-16 所示。

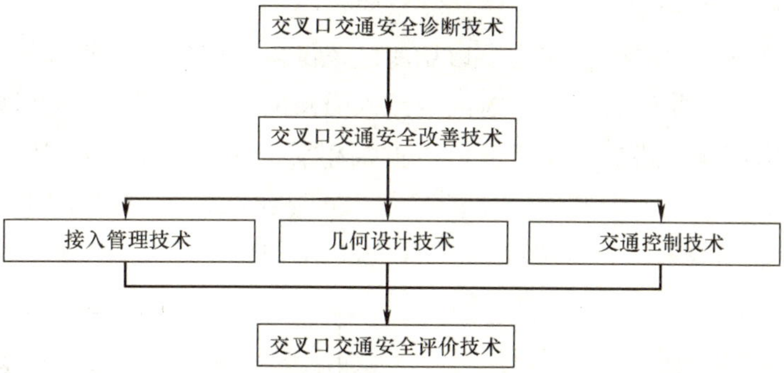

图 2-16　公路交叉口交通安全技术体系

2.8.4　公路平面交叉口交通安全改善设计

公路平面交叉口交通安全改善设计主要包括几何设计、接入管理、交通控制设计。交叉口几何设计与交通控制技术的发展经历了较长的历史时期，形成了较为成熟的技术体系。交叉口接入管理技术对交通安全的改善有着重要的作用，该技术与交叉口几何设计和交通控制技术有着密切的联系，它的发展历史较短，但有着很好的工程应用价值。这些不同的改善技术之间相互补充、密切联系，共同构成了公路交叉口交通安全改善技术体系。

（1）平面交叉口接入管理技术

1）接入管理技术的定义与目的

接入管理技术（Access Management Technology）是对道路交叉口、分割带开口、立交及路段上接入道路的选位、设计、管理与控制所开展的全面系统的技术整合。该技术在美国等发达国家得到了广泛的应用，对我国公路安全的改善有着重要的应用价值。中国公路网中很多低等级公路，都是以支路的形式存在，它们往往通往一个村庄，一个小型商业区等。还有很多商店、住宅、饭店等个体建筑的出入口与公路直接相连、可想而知，在这样的情况下，交通事故的隐患和交通冲突非常严重。目前，我国对低等级公路接入高等级公路的管理机制混乱，管理水平低下，在这种情况下，可接入管理技术的应用显得非常迫切。

2）接入管理技术的意义

① 合理的接入管理技术可以减少交通事故、提高道路的通行能力、减少出行时间和

延误。

② 采用接入管理技术可以延长道路的使用年限，节约大量的改建、扩建资金。

③ 接入管理技术不仅能够减少交通拥挤、提高公众的安全感，还可以美化环境。

3）接入管理技术的应用

常用的接入管理技术主要有包括渠化、交叉口间距、干道周围设施出入口和交叉口间距、干道周围设施出入口形式、中央分隔带形式、左转车道、右转加掉头代替直接左转、主干道平行道等，下面主要阐述平面交叉口功能区接入管理、路段接入管理和交通流导入三个方面的内容。

① 交叉口功能区接入管理

功能区接入管理技术主要指在交叉口功能区范围内实施的接入管理技术。这些技术主要包括：功能区接入道路的关闭、功能区内接入道路的出入控制、功能区内接入道路的接入顺序、功能区内接入道路与交叉口进口道直接相交的处理、功能区内接入道路的合并、交叉口U形转弯、功能区内接入道路的间接左转和功能区内的间接回转，图 2-17、图 2-18 分别为交叉口功能区 U 形转弯及间接左转示意图。

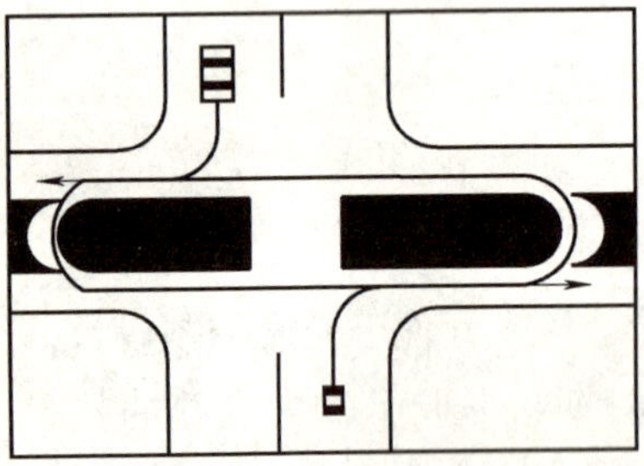

图 2-17　U 形转弯

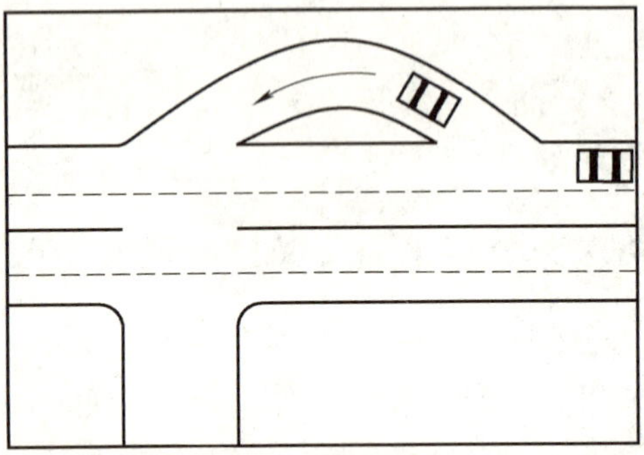

图 2-18　间接左转

② 路段接入管理

路段接入管理是指对交叉口功能区范围外的接入点进行交通组织，使其对被接入道路影响降至最低的同时接入点本身通行效率最大化。常用路段接入管理方法包括以下四种：

a. 利用中央分隔带及其开口实现对接入点的管理；

b. 设置 U 形转弯替代直接左转弯；

c. 分隔路段冲突区域；

d. 关闭/合并路段不必要接入，如图 2-19 所示。

③ 交通流导入

交通流导入主要包括：支路接入长度、宽度、坡度以及支路交通渠划的设计，图 2-20、图 2-21为支路接入长度的示例图。图 2-20 表明支路长度不足会造成的运行后果，支路长度不足，排在前面欲进入支路的机动车会减速、偏离车道、停车等，造成后继车辆不可避免地会减速、排队、偏离车道或停车，从而带来主路的安全隐患。图 2-21 为长度合适的支路示意图，合适的支路长度设计必须满足机动车从支路进入主路时远离主路的交

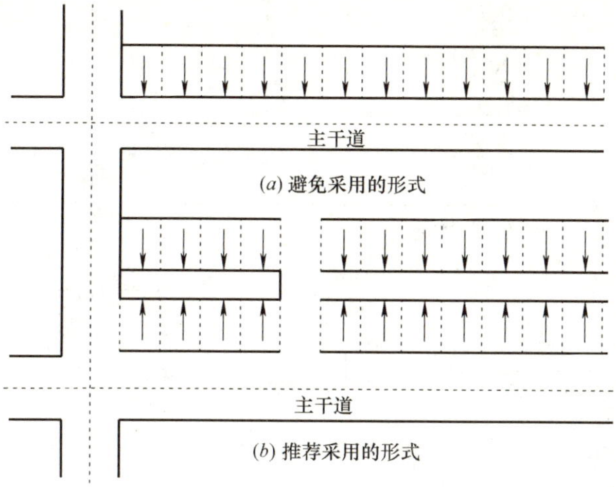

图 2-19　关闭/合并路段不必要采用

通环境，避免和主路后继车辆的交通冲突；当从主路进入支路时，避免和支路的交通流发生冲突。

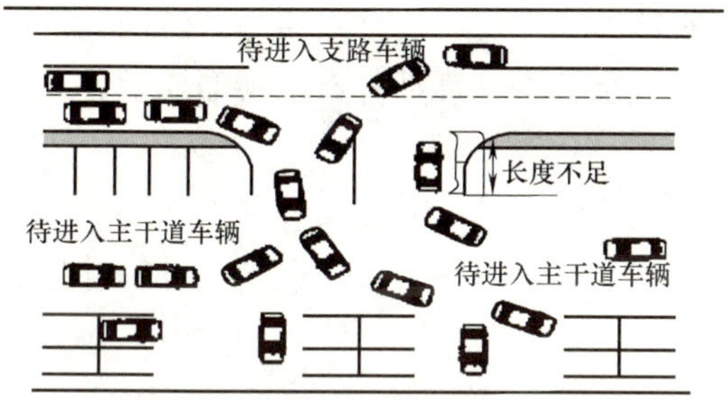

图 2-20　支路长度不足

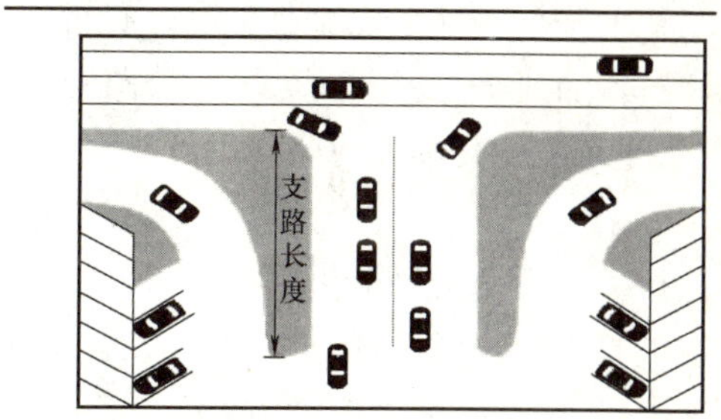

图 2-21　支路长度合适

（2）平面交叉口几何设计

公路平面交叉口几何设计方法主要是从安全的角度对几个设计要素提出设计要求，通过合理的几何设计引导交通参与者更为安全地运行，减少交通事故。几何设计主要内容包括：交叉口视距设计、交叉口辅助车道设计、交叉口渠化设计和弱势群体安全保护措施。

1）视距设计

视距是平面交叉口几何设计的一个重要设计参数，对交叉口的安全运行有着重要影响。良好的视距能够满足车辆在交叉口进口道以及整个交叉区域内平稳地完成加减速、排队、转向、穿越等一系列复杂的运行；而不良视距则会导致潜在的交通冲突。

国内的《公路路线设计规范》JTG D20—2006 以及《公路工程技术标准》JTG B01—2003 要求公路平面交叉口的视距都应满足各自进口道停车视距的标准，即简单地以停车视距来规范交叉口视距。但是不同交通控制类型的交叉口，由于交通运行特征的不同，其对视距的要求也不尽相同。因此，有必要具体研究不同交通控制类型的交叉口视距，图 2-22 为平面交叉口视距三角形示意图，其中 D_r、D_t 为停车控制交叉口的转向视距和穿越视距，D_y 为让控制交叉口的穿越视距，S_s 为无控制和信号控制交叉口的停车视距要求。

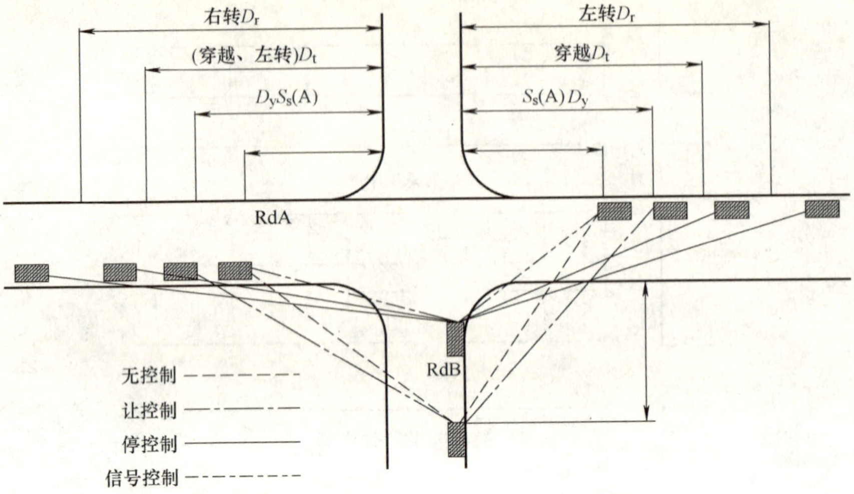

图 2-22 平面交叉口视距三角形示意图

2）辅助车道设计

平面交叉口辅助车道设计内容主要包括：左转偏置车道、左转加长车道、设有隔离的左转偏置车道、左转加速车道、右转偏置车道、右转加长车道、设有隔离的右转偏置车道和右转加速车道。不同等级的公路对辅助车道的设置及长度设计都有着不同的要求。

3）平面交叉口的渠化设计

渠化是交叉口几何设计的重要组成部分，渠化设置能够更加规范交叉口交通的组织与运行。常规交叉口渠化内容主要包括：交叉口停车线设置、机动车导向设置、进口道分隔道设置和导流岛设置。

4）弱势群体的保护措施

交叉口交通事故中涉及行人和自行车的交通事故比例较大，而且事故导致死亡率最高，如何保护行人和自行车行驶安全是几何安全设计的一个重要内容。弱势群体安全保护设施主要包括人行道、非机动车道、人行横道、人行视距、中央分隔带、侧分带和人行保护岛。

(3) 平面交叉口交通控制技术

交通控制设计主要包括信号灯控制、标志、标线控制的设计。交通控制就是对交叉口的交通流进行合理的引导，优化交通流在空间和时间上的分布，以提高交叉口的安全水平。

1）信号灯控制设计

信号灯控制主要是在兼顾效率的同时，从交通安全的方面进行考虑，其设计内容主要包括：交通控制方式选择、左转相位设计、绿灯间隔时间设计和信号灯安全保障设计。

2）标志、标线设计

道路交通标志标线是根据道路功能的划分，对进入交叉口的车辆进行合理的引导，规范进入交叉口车辆和行人的行为，减少交通冲突。其设计内容主要有：交通标志标线设置原则、交叉口交通标志标线安全设置应满足的条件、交叉口交通标志标线设置方法等。

研究表明无论是交叉口接入管理技术、交叉口几何设计、交叉口交通控制技术，对改善交叉口的交通安全有着非常重要的作用，这些技术是相辅相成的，互为因果，影响因素错综复杂。传统的设计、控制和管理技术只能在一定程度上减少交通流的冲突数或降低冲突的严重程度，很难将三者结合起来进行系统的优化，无法达到交叉口安全效益最优的目的。本研究将三种技术紧密地结合起来，构成公路交叉口交通安全技术体系。公路交叉口几何设计技术和接入管理技术是改善公路交叉口交通安全的基础，对于车辆速度、视距以及冲突点的数量和分布有着重要的影响；交通控制技术必须在合理的几何设计和接入管理的基础上，才能得以有效的发挥，同时交通控制技术能够补充、支持和拓展结合设计技术和接入管理技术，强化后者，并弥补后者所带来的缺陷和不足[5]。

第3章　道路线形设计与道路选线

3.1　道路线形设计的意义

公路是线状构造物，线形设计的好坏不仅决定着设计阶段的工程造价，而且还决定着运营阶段的使用质量，即行驶的安全性、舒适性及经济性，为此《公路工程技术标准》规定：公路建成以后，要改变公路线形几乎是不可能的，它将长期限制汽车的运行，线形设计的好坏对汽车行驶的安全、舒适、经济以及公路的通行能力都起着决定性作用，因此线形设计时，必须对公路应具有的性能与作用进行充分而慎重的分析研究，对设计的线形进行检验，以评价线形设计的成效，以免留下后患。线形作为公路的骨架，其平、纵、横线形是永久性的设计要素。在公路建成后很难再来改善线形的缺陷，对高速公路而言更是不可能的，为使线形在设计阶段的工程造价具有最优经济性的同时其使用质量及服务水平在运营阶段也具有最佳的安全性、舒适性及经济性，设计阶段就应对线形进行检验与评价，目前研究道路线形对道路安全影响的方法主要为“事后型”：主要针对已经建成通车的道路进行安全考察，累积统计一定时段内发生的事故数据，鉴定事故多发点，挖掘事故发生的原因，采取相应的改善和整治措施，这种方法属于“亡羊补牢”型，不能从根本上消除事故发生的隐患，而“事前型”是从道路的规划、设计和建设时期开始对道路的交通安全特性进行研究，防患于未然，不是简单地根据事故累积数据来确定安全水平，而是从深层次的安全机理方面找原因，因此本文提出：道路线形检验与安全评价应在设计阶段就要进行，即对道路线形进行“事前型”评价。在道路建设前，找出线形的内在缺陷并进行改善，消除可预防的引发道路交通事故的道路因素，识别出道路事故多发地段，减少交通事故，这对高等级公路的线形设计及道路交通安全有非常重要的理论意义和实用价值。

3.1.1　道路线形设计对驾驶员心理的影响

交通事故的产生原因是多方面的包括道路环境、交通条件、车辆状态以及驾驶员特性等。各种主客观因素的交错影响，最后综合作用于驾驶员身上，使驾驶员的生理和心理受到冲击，在面临危险情况时，他们来不及反应而被迫做出错误的判断并采取不合理的应急措施，最后引发交通事故。在道路交通事故中，道路因素主要包括：

（1）道路的线形及线形组合；

（2）道路平面交叉口；

（3）道路的交通特性；

（4）路基路面；

（5）工程设施及附属建筑。

道路交通是以人、车、路和交通环境 4 个基本要素围绕的庞大体系。下文分析探讨道路设计和交通环境对人的生理和心理影响着重分析不合理的道路设计会对驾驶员产生的不良的心理反应和生理反应。

3.1.1.1　直线道路上的心理误导

（1）长直线道路

道路的线形是由直线和曲线及直曲线性组合构成的空间带状结构物。一般认为直线是道路上最安全的线形但是过长和过短的直线都隐藏着危险因素。直线过长可导致驾驶员反应迟钝、感知力下降乏于调节车的行驶状态。从心理学的角度来讲人在路途中都有一种以自我为中心，想尽快到达目的地的潜意识。在长直线上行驶的驾驶员会从心理上放松警惕，认为直线段行车视野开阔便于超车而不断地加速。但在高速行驶时，驾驶员的动视力会下降。一般来说动视力比静视力低 10%～20%，特殊情况下比静视力低 30%～40%。以 60km/h 的速度行驶的车辆驾驶员可看清离车 240m 远的交通标志，速度提高到 80km/h 时则连 160m 处的交通标志都看不清。同时随着行车速度的加大，有效视野范围会变窄（如表 3-1 所示），驾驶时间太长会产生催眠现象反应也变迟钝从而导致行车中判断失误对突然出现的情况惊惶失措，处理措施不当而极易发生交通事故。

车速与视野的关系　　表 3-1

汽车行驶速度(km/h)	40	70	75	80	100
视野范围	100	75	65	60	40

（2）短直线道路

短直线给司机造成的心理影响是：当司机行驶在 2 个同向弯曲的短直线的第 1 个弯道时，会把短直线连接的第 2 个弯道和自己所在的弯道看成同一个弯道，当他行驶到短直线时就会按在第 1 个弯道上汽车行驶轨迹的曲率而保持汽车前轮的转弯角度。这时当司机发现汽车严重偏离行驶轨迹时也常常是交通事故发生的时候。

3.1.1.2　弯曲道路是事故多发点

（1）平曲线路段

在平曲线上造成交通事故的主要因素有：平曲线半径太小、超高不适和视距不足。调查表明：高速公路平曲线路段的事故率与平曲线半径大小存在着相关关系。当平曲线半径为 400m 时事故率倾向显著增加。平曲线半径为 400m 时事故率倾向显著增加的原因多为驾驶员在开始转弯之初未能及时调低车辆速度引起车辆行驶状态的突变所致。图 3-1 所示为某条公路上由线形的坡度和转弯半径而引起的交通事故统计关系。比较图中不同半径的曲线段可知，当曲线半径小到 400～1000m 时，交通事故明显上升。过小的曲线半径会降低司机的停车视距使他们不能提前观察到前方转弯处尤其是左侧对面行驶而来的车辆状况，也不能对道路线形的走势做到心中有数。这时一旦发生意外情况，如果司机稍有疏忽大意则车祸在所难免。这种情况在低等级的山区公路上时有发生，只不过在山区截断司机视距的是山体和挡土墙，在高速和一、二级公路截断司机视距的是中央分隔带上的防眩物、栽种树木等物而已。让司机长时间在猜测和紧张中驾驶很容易使他们身体疲劳，心脏负荷过大判断力下降，反应迟钝。这些都为发生交通事故发生埋下隐患。

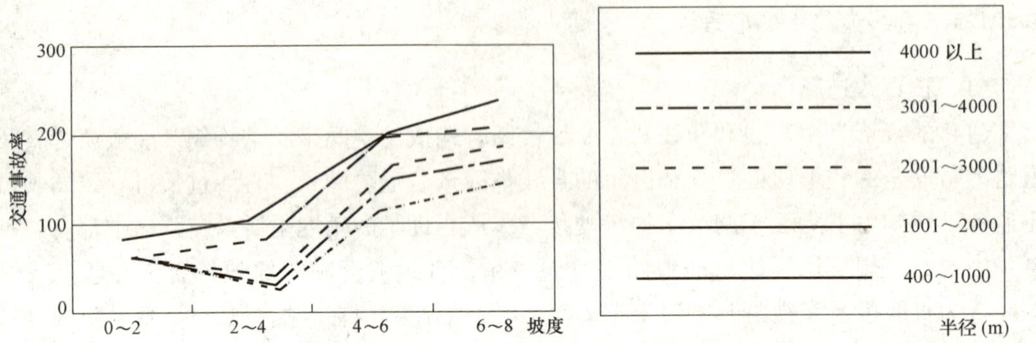

图 3-1　道路坡度和转弯半径对交通事故的关系图

(2) 竖曲线路段

竖曲线路段与交通安全紧密相关的因素有：变坡点处的曲率与坡长、视距。由图 3-1 可看到同一条曲线在坡度大于 3%时交通事故率就急剧上升坡度变大很容易使司机在下坡时为了省油而使用空挡，当此时坡长也过长时就造成汽车由于长时间受到自重分离的加速度影响而加速过快。司机通常认为在直线上行驶是较安全的路段而疏于操作，一旦出现不易发现的路障就来不及刹车最终酿成车祸。表 3-2 是某路段上道路坡度与交通事故率的调查结果。在我国的道路设计规范中规定道路的坡度不得大于 8%，在此区间里 5%～8%的坡度是事故的高发区在道路设计时应格外小心不要在易发生危险的坡度下又设危险的坡长这将为司机在行驶时犯错的概率增高。

道路坡度与交通事故率的关系　　**表 3-2**

道路坡度(%)	2	3	4	5	7	8
事故率(次/百万车辆公里)	1	1.5	1.75	2.5	3	10

竖曲线还会减少司机的视距。当在凸形竖曲线设置的曲线半径很小时，由于其两头都是下坡段司机是在做爬坡运动，他的视野也是朝斜上方观察前方的汽车当汽车快到凸形竖曲线的坡顶时司机的视距就受到极大限制他的视野就出现一小段的盲区，这时的视距只有几米，一旦对方出现逆道行驶的车辆，双方都处在措手不及的状态，如图 3-2 所示。对于凹形竖曲线如图 3-3 所示，主要的危险时段是夜间。夜间行车司机大都使用远灯可以提前发现远方来车从而减速或避让。凹形竖曲线两侧都是下坡路，一方面司机为了冲上对面的上坡会提前加速已获得较大的汽车动量；另一方面汽车下坡行驶时的灯光会更贴近路面这就减少了司机的行车视距。有很多的凹形竖曲线设在铁路桥的下面，桥梁也使司机的视野变得更狭小，加上凹形竖曲线容易造成积水，减小了轮胎与路面的摩擦力。各种不利的因素使司机一招失手终身遗憾。

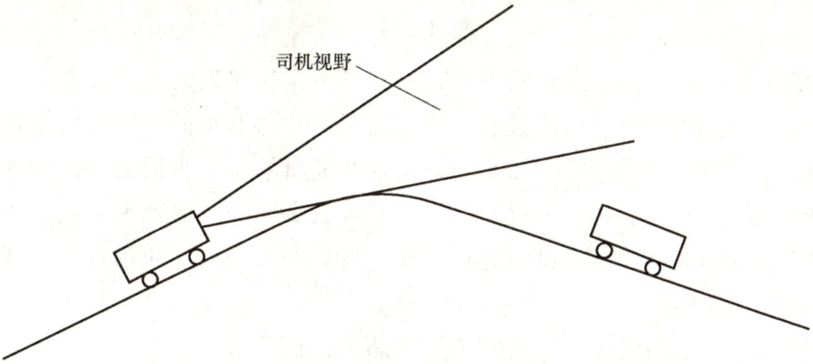

图 3-2　凸形竖曲线司机视野示意图

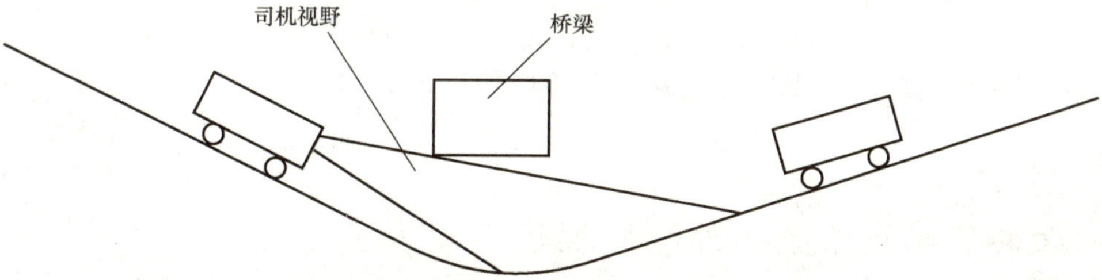

图 3-3　凹形竖曲线司机视野受阻示意图

3.1.1.3　道路设计的线形组合

以上的论述是司机在单一不利因素的情况下发生的交通事故。但一般司机是行驶在由组合线形（平、纵、横）所构成的道路之上。当有较大坡度的长直线组合或是有小半径弯道时，行车就十分危险。因为司机很可能以高速进入弯道，他们同时面对着给车换挡和平面拐弯的问题，复合型的操作增加了司机驾驶的难度，一旦出错就易发生交通事故。应该注意到竖曲线与回旋线重合事故发生的可能性最大，特别是凹形竖曲线与平面上两反向回旋线的拐点重合不但失去视觉诱导，排水也困难。凸形竖曲线顶部开始有急弯时驾驶员靠近顶部才知道有平曲线，速度过高不能立刻反应，行车容易失误；在长路段平而直的线形上信息处理的要求低导致驾驶员疲劳和反应迟钝，随着行车时间的增长事故发生的可能性也随之增大。应让驾驶员驾驶时尽量进行单项操纵例如在平曲线上行驶时，只需注意转向不用考虑上下坡操纵在竖曲线上行驶，驾驶员只需抢换挡位使汽车获得更好的牵引力。假若道路线形在平面纵面同时发生变化驾驶员就要同时照顾平、纵两方面的操纵对操作技术要求较高，实际操作也复杂得多。

就交通事故的概率来讲，道路设计应尽量做到使驾驶员 1 次只作出 1 种抉择或者当遇到既无足够时间而又必须作出抉择的意外情况时也不惊慌失措，能为安全行车和有效驾驶创造可靠的条件。优良的道路几何线形组合设计应是：宽阔连续的视野使驾驶员自觉地保持随时对车辆行驶状态进行及时的调整，并为驾驶员在遇到紧急情况时采取安全措施赢得时间。应通过精心的规划设计给驾驶员提供宽松的驾驶环境。其焦点应当是通过改善道路条件来给驾驶员良好的影响，减少他们犯错的机会和可能性。

好的道路条件和道路环境可以使人在驾驶时心情愉悦，科学合理的线形设计可以使驾驶员对道路的走向和路况作出准确的判断，从而减少操作时的失误；反之，恶劣的道路条件会使人心情压抑，从心理上出现抵触情绪，甚至对相邻的车做出挑衅性驾驶行为。这些增加了车辆发生摩擦碰撞的概率，从而极易引发交通事故。作为道路的设计者应该尽可能为驾驶员提供足够的安全空间，也包括他们的心理安全空间。对此提出以下几点建议：

（1）在长直线的末端要布设可引起司机视觉变化的景观，如使树木与广告牌交错出现修建风格变化的收费站；

（2）在同向曲线之间的短直线内侧要加设防撞护栏；

（3）在半径小于 400m 的弯道两端车辆要限速行驶；

（4）竖曲线拐点处尽量不设小半径平曲线，因道路等级受限必须要设的要增加醒目路标；

（5）凹形竖曲线的拐点要清除路两旁障碍物以加大司机视距，并在危险处加设警示牌[6]。

3.2 道路安全评价国内外研究现状

如何从道路条件入手，有效提高整个国家或地区的交通安全水平，降低交通事故率？一些发达国家率先提出了道路交通安全审计的概念并展开广泛应用研究。最初是对现有道路进行调查，后来逐渐将注意力集中到了设计阶段，成为一种主要的道路安全事前型评价的方法，下面我们将从安全审计开始介绍一下国内外在道路安全评价方面的现状。

3.2.1 道路安全评价国外研究现状

英国是道路安全审计概念的发起国，1987 年，英国运输部提出要在 2000 年使英国的道路交通事故在 1987 年的基础上减少 1/3，1988 年，英国通过了一项法律：在大不列颠（Britain）大陆的所有道路权力机构必须采取必要的措施去降低新建道路的交通事故隐患。这一立法促使并直接导致了世界上第一部关于道路安全审计的资料问世。1989 年，英国出版了一部《道路安全审计字典与实践》，1990 年又出版了《道路安全审计指南》并于 1996 年进行了完善修订后第二次出版。而早在 1991 年，英国运输部就强制规定所有的国家主干道以及高速公路的设计和建设必须进行安全审计。

在澳大利亚，AUSTROADS（澳大利亚道路组织）是国家道路运输与交通的权威管理机构，1994 年，AUSTROADS 出版发行了《道路安全审计》，书中给出了关于道路安全审计程序完整的实践指南，同时也列出了被各个国家广泛采用的安全审计表，这是一部关于道路安全审计的系统性文献，目前澳大利亚各个州都不同程度地开始采用道路安全审计。其中维多利亚州道路管理机构维多利亚道路公司将道路安全审计通过立法而使其成为质量保证体系的组成部分，在新南威尔士，道路交通管理机构（PTA）负责道路的安全。1991 年，PAT 颁布了《道路安全审计手册》作为安全质量保证途径，全地区 20%的现有道路通过安全审计来辨别现有道路的安全隐患，防患于未然。此外，各地区每年有二十几个不同规模的工程在不同的阶段进行安全审计。

道路线形安全分析与评价发展到美国，但在美国相关工作先前已在进行，包括微观安全评价模型的研究、危险区段的识别与改造，各种交通设施的安全性能分析等，这些工作提高了对安全评价思想的重视度，美国联邦公路局（HFAW）还专门组织了针对道路安全的系统研究，并于 2000 年推出了辅助进行相关工作的交互式公路安全设计模型（Interactive Highway Safety Design Model，简称为 IHSDM）的测试版，可以作为实施道路安全评价的辅助决策平台，目前在安全设计成果中，已开发了不少应用软件，而美国的工程道路安全审计与安全设计软件，是目前国际上发布的唯一的、专门的、系统化的道路安全设计计算机应用系统，该模型集成了美国迄今为止最核心的道路安全微观数学模型，客观上创造了道路安全审计辅助、支持技术的新高，2004 年 1 月 IHSDM 系统在其专属网站上又发布了其最新的测试版。道路建设项目的安全评价、审核的思想最早是起始于欧洲和澳洲，之后才发展到美国。

IHSDM 模型总共有 7 个功能模块构成，其体系框架如图 3-4 所示，图中包括现阶段已经实现的模块，其中每个模块都具有重要的功能，图 3-5 为一致性模块对道路线形一致性设计进行分析后的结果。

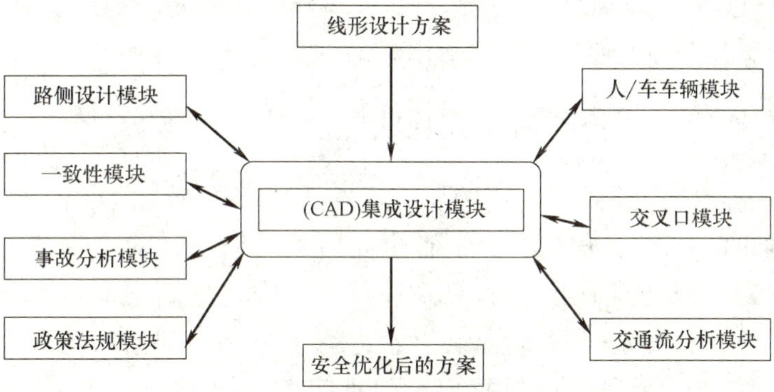

图 3-4　IHSDM 的体系框架

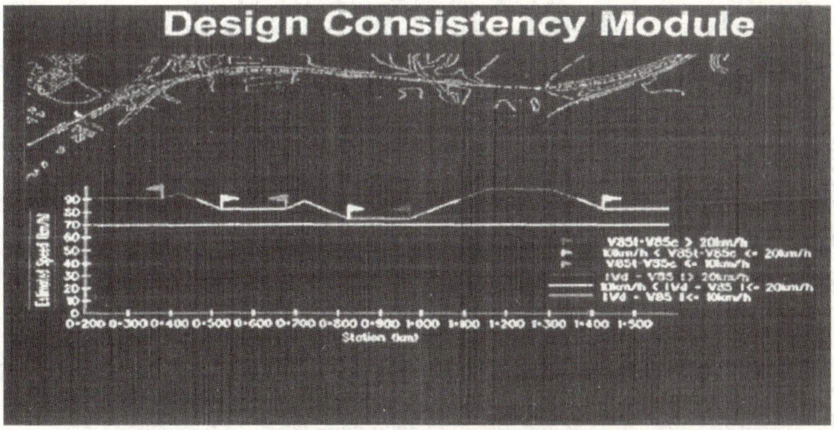

图 3-5　IHSDM 中的设计一致性模块的分析结果

德国的道路安全审计开始得比较晚，但是在欧洲各国中，德国是对道路交通安全重视程度最高的国家之一，相关的研究也最持久、最扎实、最深入。当德国人意识到道路安全审计的重要价值时，他们并不是照搬别国的做法急于在本国开展此项工作，而是首先根据自己的国情，制定出相应的规范和程序，按部就班的逐渐推广开来，由于有坚实的基础数据，丰厚的经验积累，德国道路与交通研究协会很快便于 2002 年 8 月推出了《道路安全审计建议》作为全国范围内开展道路安全审计工作的指南，由于道路安全审计在德文中称为 Sicherheit Sauditufr StrapBn，因此可缩写为 SAS。

德国的 SAS 系统与美国的工 IHSDM 系统有着完全不同的思路，它既未建立复杂的数学模型，也不依赖于计算机程序，而是纯粹从实用出发，根据以往对道路交通事故特点和规律的大量研究成果，提出一份十分详细的审核清单（Checklist）供审核人员使用，就连相应的改善措施，也是根据以往大量的前后对比研究的实践积累，以照片形式给出。

现在道路安全审计已经成为德国道路质量管理系统的重要组成部分，被独立地用来检查道路交通的安全缺陷，以尽可能提高新建、改建和扩建道路的交通安全水平。

另外，德国 TPV 公司开发了一种微观的、以时间为参照、以交通行为模型为基础的微观交通仿真软件 VISSIM，该软件也适用于对道路方案进行安全性能研究，在安全评估项目中，用户可以运行 VISSIM，并从运行速度、延误、冲突，尤其是多方式交通之间的衔接或相互干扰等各个方面评价不同方案潜在的安全性能。

3.2.2 道路交通安全评价国内研究现状

我国对交通安全与道路条件关系的研究比发达国家要晚，但近年来，交通事业日新月异，道路交通事故逐年上升，不少学者也先后就道路条件对交通安全的影响进行了研究，如田鲁泉对路况与交通事故的关系进行了研究；赵炳强对道路线形的安全性进行了分析；张志清对公路行车安全影响因素进行了分析；刘治军等对成渝高速公路交通事故及预防对策进行了研究；任福田、刘小明等对交通安全进行了较系统的研究，均取得不少成果。

北京工业大学十多年来在十多项国家的交通安全项目中长期进行交通安全和事故发生的机理方面的研究，并取得了一系列科研成果，开发了基于 Windows 操作系统的道路安全设计研究系统，从机理层面上分析了各线形设计要素及各元素组合作用对事故的影响，运用统计分析手段建立了线形元素对事故的预测模型，借助计算机的辅助手段，实现了道路设计的安全水平量化算法，并为整体的研究提供了数据维护、成果转换的集成的环境，该研究系统由三个子系统：基础数据库调用系统、辅助统计研究子系统以及辅助机理研究子系统构成，三者的逻辑关系如图 3-6 所示。

同济大学郭忠印教授及其课题组多年来也一直致力于道路交通安全工程方面的研究，研究方向主要是道路线形与道路交通安全的关系。1995 年该课题组在国内率先对道路安全进行系统地研究，首先开展的是道路安全评价和道路黑点鉴别与改善技术的研究，之后课题组进一步揭示道路交通环境与道路安全关系，为了给道路安全设计提供依据，现正在

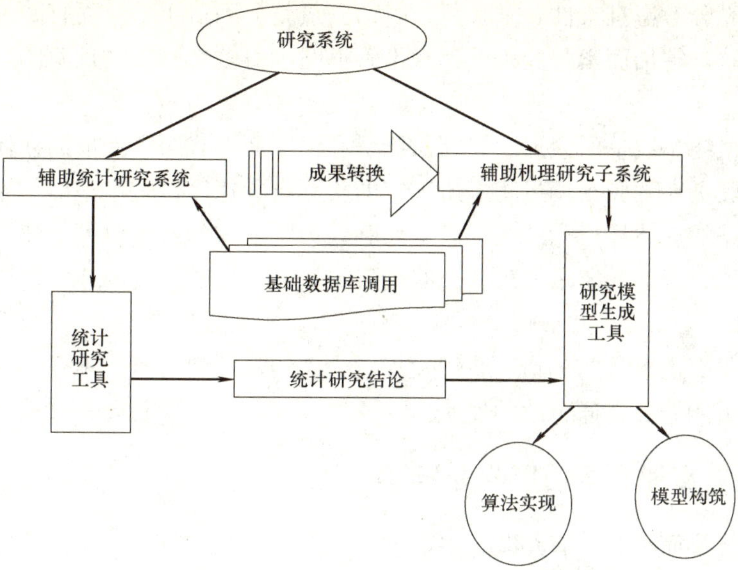

图 3-6　高速公路安全辅助决策系统示意图

深入开展道路交通环境—道路运行车速—道路安全性三者之间关系的研究。同时同济大学的朱照宏、景天然等教授在道路线形评价方面也做了非常有意义的工作，提出了将行车速度、耗油量、交通事故率作为公路线形使用的评价指标[7]。

3.3　道路线形、车速与交通安全的关系分析

3.3.1　道路线形与交通安全的关系分析

线形是道路的骨架，它控制着整个道路的路基、桥涵、交叉、沿线设施等构造物的规模和投资，同时，对汽车行驶的安全、舒适、经济和车辆的通行能力起着决定性作用。因此，道路线形设计是道路建设之本，道路建成后，道路线形将是长期存在的，要想改变将会带来重大的经济损失。道路线形分为平面线形和纵断面线形：平面线形是道路中心线在平面上的投影，其主要构成要素为直线、平曲线和缓和曲线；纵断面是沿着公路中心线用竖面将其切开，并沿着路线长度方向展开成平整的竖面，它的线形由直线和竖曲线组成。道路线形几何要素的不合理以及各种不良的线形组合，均可导致交通事故的发生。

道路线形必须考虑汽车行驶的运动学、动力学要求，也应考虑线形的宜人性要求。在行车时，驾驶员主要通过视觉（80%）、听觉（14%）和触觉（2%）等感觉器官接受信息。美国一项调查表明，驾驶员每行驶 1km，会遇到约 300 多种信息，需作出 75 次决策。驾驶员需要一面观察了解前方新路段的情况，以便适应新的行车条件，合乎思维地前进，一面顺着直线或某种曲线扫视，使汽车行驶与视线平齐。所以为保证行车安全，道路几何线形应该自然流畅。此外，道路线形的宜人性要求也是要考虑的重要因素。如果在道路线

形设计中没有充分考虑宜人性要求，行车时驾驶员就会因过于单调而打瞌睡，或者驾驶员心理上感到危险，害怕而紧张起来，那么不管道路本身多么好都是危险的，都无法保障道路交通安全。

路的线形最终是以平面线形、纵断面线形和横断面形式组合而成的立体线形映入驾驶员眼帘的。驾驶员在驾驶车辆过程中所选定的实际行驶速度，是由他对三维立体线形的判断做出的。公路的立体线形除了必须满足驾驶动力学要求的最小值外，还应满足驾驶员视觉心理方面连续、舒适的要求。反映公路线形好坏的关键是速度的连续性，它直接影响道路交通的安全。

通过对多起交通事故的分析，我们发现：公路线形几何要素的不合理以及各种不良的线形组合，均可能导致交通事故的发生。

3.3.2 直线对交通安全的影响分析

直线具有线形简单、节省路线长度、便于设计、方便施工的优点，往往被使用较多，特别在平原微丘地区。但直线也有线形呆板、不易与地形地物、周围风景相协调、不易保证道路线形的连续性的缺点，直线对交通安全的影响来自驾驶员的视觉反应和道路线形安全分析与评价心理承受能力。过长的直线段，易使驾驶员因景观单调而产生疲劳，注意力不集中，反应迟缓，一旦有突发信息出现，就会因措手不及而肇事。另外，驾驶员在长直路段爱开快车，致使车辆进入直线路段末段后的曲线部分速度仍较高，若遇到弯道超高不足，往往导致倾覆或其他类型的交通事故。据国外资料介绍，驾驶员在直线上正常行驶超过 70s 后就会感到单调，如果不需要超车，试验表明 4.8km（即在时速 97km/h 下行驶 3min 的行程）的直线就会使驾驶员感到烦躁，甚至打瞌睡，带来灾难性的后果。因此直线不宜过长，直线一般不长于计算行车速度 v 的 20 倍（m），否则会带来不利影响。此外，在同向曲线间插入长度不够的直线，驾驶员容易产生把直线和两端曲线看成反向弯曲的错觉，导致驾驶失误；反向曲线之间的直线过短，不利于超高、加宽的设置，不能实现反向变化的连续平稳过渡，对行车也是不利的，以计算行车速度 60km/h 为例，同向曲线间最小直线长度（m）以不小于行车速度的 2 倍为宜。还有，在长直线上设置陡坡，下坡时汽车的行驶速度会远大于计算行车速度，极易造成交通事故，因此除应严格遵守《公路工程技术标准》JTJ 001—97 的规定外，还应根据实际情况，合理使用直线。

3.3.3 平曲线对交通安全的影响

平曲线即弯道，平曲线与交通事故的关系很大。在圆曲线上，由于横向力的存在，对汽车的安全行驶会产生不利影响。大半径曲线比小半径曲线的事故率低；连续曲线当半径协调时事故率比不协调时低。调查表明曲率愈大，事故率愈高；尤其是曲率在 10 以上时，事故率急剧增大。原因是曲率越大，汽车在运行中的转弯半径越小，视线盲区增大。汽车在平曲线上行驶，将产生离心力（其值与车速的平方成正比，与曲线半径成反比），由于离心力的作用，汽车将产生横向倾覆或侧向滑移，也会造成驾驶员心慌，引起操作失误，危及行车安全。离心力的大小与曲线的曲率有关系，在同一车速条件下，曲率越大，即曲线半径越小，离心力越大，因此，为保证人身安全，对曲线最小半径有如下规定，见式(3-1)：

$$R=\frac{v^2}{127(\mu \pm i_h)} \tag{3-1}$$

式中　R——曲线最小半径（m）；

v——计算车速（km/h）；

i_h——最大超高横坡；

μ——横向力系数。

横向力系数的大小，影响到驾驶员和乘客的情绪紧张或舒适，详见表3-3。

与驾驶员的感觉　　**表3-3**

M	μ驶过曲线时的感觉	皮肤电流相应相对值
0.01	感觉不到有曲线，驾驶员不紧张	1
0.15	稍感到有曲线，驾驶员不太紧张，没有不舒服感	1.05～1.10
0.2	稍感到有曲线，驾驶员不太紧张，没有不舒服感	1.10～1.25
0.25	40%人感到不舒适，驾驶员感到相当紧张	1.25～1.40
0.3	所有通过曲线的人都感到不舒适	1.5
0.35	非常不舒适，很紧张，有侧滑危险，不稳定	1.7
0.4	站不住，欲倒，车有倾覆支险	>1.70

如果 μ 值过大，驾驶员为减少离心力往往采用大回转，这样容易离开车道，增大了发生事故的可能性。

美国公路部门的研究指出，$\mu=0.11\sim0.16$ 为舒适界限。

综合行车安全、经济、舒适各方面的要求，参考试验数据，可按表3-4取用 μ 值。

建议采用表 μ 值　　**表3-4**

计算行车速度(km/h)	120	100	80	60	40	30
M	0.1	0.12	0.12	0.14	0.14	0.15

有10%～20%的道路交通事故发生的平曲线上，并且在半径愈小的曲线路段上，发生的交通事故也愈多，即曲率愈大，事故率愈大，尤其曲率在10以上时事故率急速增高，曲率与交通事故率的关系见表3-5。

曲率与交通事故率的关系　　**表3-5**

曲率	每百万公里交通事故率(%)	曲率	每百万公里交通事故率(%)
0～1.9	4.2	6～9.9	6.1
2～3.9	4.8	10～14.9	21.9
4～5.9	5.6	15以上	—

《公路路线设计规范》JTJ 011—94对各级公路最小曲线半径做出了规定见表3-6。

各级公路最小平曲线半径（m）　　表 3-6

公路等级	高速公路				一级公路		二级公路		三级公路		四级公路	
计算行车速度(km/h)	120	100	80	60	100	60	80	40	60	30	40	20
极限最小半径(m)	650	400	250	125	400	125	250	60	125	30	60	15
一般最小半径(m)	1000	700	400	200	700	200	400	100	200	65	100	30
不设超高最小半径(m)	5500	4000	2500	1500	4000	1500	2500	600	1500	350	600	1500

因此，为了使汽车行驶平稳，在条件允许时应尽可能选用较大的平曲线半径，在不得已的情况下选用较小的（或极限）半径时要做到：

（1）配置适当的缓和曲线；

（2）合理设置超高横坡及加宽；

（3）处理好前后线形搭配；

（4）采取限速、分道等标志、标线和防护措施，降低行车速度，避免车辆擦碰或驶出道路；

（5）要有足够的视距；

（6）减少小于 60m 半径的出现频率；

（7）尽量避免出现大曲率、大转角和陡坡结合的情况。

3.3.4 路线纵坡对交通安全的影响

据调查资料分析，在平原地区登记的事故有 7%左右发生在上下坡段上，在丘陵地区为 18%左右，在重丘陵地区为 25%左右。在陡的上下坡段上，发生道路交通事故的主要原因有三个方面：一是下坡行驶的汽车驶出路基或者与上坡超车的迎面来车相撞；二是在持久下坡情况下行车速度过快；三是在绕过路边的停车行驶时与对面来车相撞。第一种类型的事故占较大纵坡路段道路交通事故总数的 24%，第二种类型的事故占 40%，第三种类型的事故占 18%。在上坡道上行驶时，事故特征主要分布在上坡道上的凸部分与过了坡顶后紧接着的路段；下坡行驶时，事故特征点则主要分布在纵断面的下凹部分，因为下坡汽车驶入该处时车速达到较高的数值，苏联的统计资料表明坡度越大交通事故率越高，如图 3-7 和表 3-7 所示。

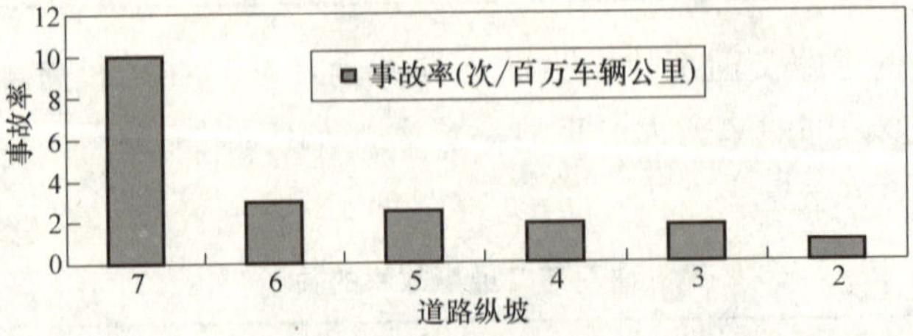

图 3-7　纵坡度与道路交通事故率的关系

纵坡度与道路交通事故率的关系　　表 3-7

坡度(%)	7	6	5	4	3	2
事故率(次/百万车辆公里)	10	3	2.5	1.75	1.5	1

从图 3-7 和表 3-7 中可以看出坡度越陡，事故率就越大，当坡度大于 6%时，事故率便急剧上升，因此要特别注意大纵坡的应用还必须考虑以下问题：

（1）与纵坡长度联系在一起考虑，有时虽然未取到最大纵坡，但坡长很长也会造成重车爬坡困难，下坡速度过快无法紧急停车，影响行车安全；

（2）充分利用缓坡设置，即在长纵坡中插一个相对小的缓纵坡，改变纵坡结构，便于安全行车；

（3）桥梁、隧道纵坡不宜取大值，一般应不大于 4%，也不应把桥梁、隧道设置在长坡的顶部和底部；

（4）混合交通及过村镇的路段，纵坡取值一定要考虑行人、非机动车和农用车辆的特点和性能，例如自行车行驶纵坡宜为 2.5%左右，平板三轮车行驶纵坡宜在 2%以下，此外，在多雨的南方，在路堑及过村镇地段纵坡也不宜太小，否则极易造成路面积水，影响交通安全，在长路堑地段，纵坡应当>0.5%，并加深加大边沟，确保道路排水畅通；

（5）高海拔地区（超过 3000m）由于空气稀薄，汽车爬坡能力降低，影响行车安全，路线最大纵坡度要相应减少 1%～3%；

（6）实在无法改变大纵坡状况时，应设置必要的爬坡道和临时停车带，尽量降低大纵坡的不利影响。

3.3.5　圆曲线半径与交通安全问题研究

在山区公路上，长直线路段较少，曲线路段较多，平曲线出现的频率、转角、半径对行车安全有一定的影响，主要表现在：

（1）弯道曲线半径、路面横坡及附着系数合理与否与车辆在一定车速下沿曲线行驶是否发生侧滑密切相关；

（2）很多山区弯道傍山临河，路面普遍较窄，被动防护设施缺乏，而使得驾驶员心理紧张，导致疲倦驾驶而肇事；

（3）行驶在转角较大的小半径曲线，由于视距受到影响，驾驶员对突发事件的处理能力降低。

山区公路常见的线形组合是长下坡小半径曲线，这种组合路段常为事故多发点，由于地理条件的限制，局部路段的线形参数超过了极限值，特别是双向双车道公路上的小半径曲线还存在视距不足的情况，影响行车安全。

美国的 Baldwin 认为当平均日交通量不到 5000 辆时，交通事故率随着平曲线半径的增大而减少；当曲线半径小于 600m 时，交通事故率随着公路出现平曲线的频度增加而减少，他认为，与连续的小半径平曲线段相比，单一小半径曲线对交通安全更具威胁性。

德国学者 Knonacher 认为，在半径小于 800m 的平曲线段，潮湿路面上由于汽车制动侧滑导致的交通事故率要高于干燥路面，在小于 250m 的路段，此种差距会明显增大。此外，Pfundt 指出，在交通量较小的平曲线段，由于驾驶员常以较高的速度行驶，从而使得交通事故发生的概率会大于交通量较大的平曲线段。

英国的 Cobm 研究指出，对于半径较大的曲线段，增大半径对减少交通事故不会有很大的帮助；在半径较小的平曲线段，交通事故出现的较为频繁，尤其在半径小于 175m 的平曲线段。

苏联的 Babkov 研究认为，单独的小半径曲线在公路设计中是不安全的，也是不可取的，Babkov 通过对进入曲线前和曲线中的车速研究得出：当汽车行驶速度变化值不大于 20％时，曲线段是安全的；当速度变化值大于 20％而不大于 40％时，曲线段为中等安全；当速度变化值大于 40％而不大于 60％时，曲线段为不安全段；当速度变化值大于 60％时，曲线段为危险段。

Spacek 通过研究得出，平曲线段交通事故率的拐点在半径 350～600m 之间，在半径小于 350m 路段上发生的交通事故率是在半径小于 400m 路段上的 5 倍。

Lamn 认为交通事故率的大小确实与平曲线半径的数值有关，相比较而言，小半径曲线段是事故率多发段，损失也较严重，与半径为 100m 的曲线段比较而言，事故率在半径为 400m 的曲线段下降了 30％～40％；当半径接近于 1000m 时，交通事故发生的危险性有所降低；当半径高于 1000m 时，交通事故率会有所增高。

综上所述，曲线半径对平曲线的安全有着一定的影响，它是诱发交通事故的重要因素，增加曲线半径能改善平曲线的交通安全性。

3.3.6　线形组合对交通安全的影响

平面线形组合有直线与平曲线，平曲线与平曲线的组合，直线与平曲线的组合要尽量避免长直线的尽头搭配小半径平曲线，特别是在长直线的下坡路段，在小半径平曲线的尽头处，司机往往不能及时判定曲率情况，来不及采取措施，造成撞车或翻车事故。当这种线形组合不可避免时要采取尽量加大曲线半径，增设警告标志（如限速、中心双实线分隔），设置防撞护栏，增加路面抗滑能力等措施，两个同向平曲线间插入短直线（即长度少于行车速度的 6 倍的直线），容易让司机产生把直线和两端曲线看成反向弯曲的错觉，导致驾驶失误，这时应把这种组合道路线形安全分析与评价改为 S 形曲线，当两个反向平曲线中插入短直线时，由于不能充分设置超高、加宽，不能实现反向变化的平稳过渡，不能操作自如，对行车也是不利的，这时的直线长度应大于行车速度的 2 倍（m）才有利于安全行车。平曲线与平曲线的连接应保证汽车以某一速度行驶时，能逐渐地从容地从一个圆曲线过渡到另一个圆曲线，并确保视觉的平顺，感觉线形舒畅，应当正确使用缓和曲线，实现离心加速度不能过快（一般在 0.5～0.6m/m^3）；行车从开始至完成时方向变化的时间行程不能太短（一般为行车 3～5s），便于设置超高、加宽使驾驶员感到视觉平顺，其次，前后曲线的线形要素要协调，均衡并有连续性，即相邻两个平曲线的技术指标不能相差太大，不能让驾驶员感觉线形突变，扭曲和产生与实际方向相反的错觉，一般要求两个同向曲线的半径比在 0.2～0.8 之间；两个反向曲线的半径比（R_1/R_2）在 1～1/3 之间，多个曲线相连时，不能忽大忽小，其半径值应当是由大到小递减或由小到大递增，并保持 $R_1/R_2 \leqslant 1.5$ 才能达到曲率均衡变化，线形协调，感觉平顺的效果。

线形组合：行车安全性的大小与不同线形之间的组合是否协调有密切的关系，下列不良的线形组合往往是导致交通事故发生的重要原因：

（1）线形的骤变，如长直线的末端设置急转弯曲线，尤其是长下坡（大于1km）接小半径曲线是有危险倾向的设计，易造成车辆在不自觉的高速情况下驶入平曲线，事故隐患大为增加；

（2）在连续的高填方路段，如果没有良好的视线引导，驾驶员容易使车辆偏离车道中心线，可能冲出路面，酿成车祸；

（3）短直线介于两个弯曲的圆曲线之间，形成断背曲线，这样容易使驾驶员产生错觉，把线形看成反向曲线，从而发生操作错误，甚至酿成车祸；

（4）在直线路段的凹形纵断面上，驾驶员位于下坡时看到对面的上坡段，容易产生错觉，把上坡的坡度看得比实际的坡度大。这样驾驶员就有可能加速以便冲上对面的上坡路段；同时，在下坡路段看上坡路段，驾驶员觉察不出自己是在下坡，因而有可能发生事故；

（5）在凸形竖曲线与凹形竖曲线的顶部或底部插入急转弯的平曲线，前者因为没有视线引导而必须急打方向盘；后者在超出汽车设计速度的地方仍然要急打方向盘，这些都是极易引起交通肇事的。美国人扬格在加利福尼亚的调查，凸形竖曲线上的视距越短，则交通事故也越频繁。在凸形竖曲线的顶部或凹形竖曲线的底部设置断背曲线，在前者情况下，视线失去诱导效果，在公路上行驶的车辆好像突入空中的感觉，而且因接近顶点才知道线形开始向相反的方向弯曲，易使驾驶员因紧张而操作方向盘失误；

（6）在平面曲线内，如果纵断面反复凹凸，每当产生这样的问题，即形成只能看见脚下和前头，而看不见中间凹陷的线形，这样的线形容易发生事故；

（7）转弯半径较小的平曲线与陡坡组合在一起时，则会使事故急剧增加；

（8）是否设置缓和曲线对于圆曲线上安全特性有着较为显著的影响，未设缓和曲线的圆曲线，事故数显著地高于设置了缓和曲线的圆曲线段；

（9）纵坡长度过短，出现锯齿形纵断面，这种地形使行车频繁颠簸，甚至可能产生颠簸的叠加与共震，危及安全。视觉上，这种地形使驾车者有路线不连续、坡长越来越小、线形破碎的感觉。坡长过大，下坡时使得车辆速度渐增，也不利于安全。

山区公路行车安全事故较多。山区越岭路线是用延长路线来克服地形高差的，当相邻两控制点之间高差较大，自然坡度大于路线平均纵坡时，经常因地制宜地采用回头展线形式升坡，有时在同一面山坡上需要连续布置多个回头曲线，此时的两个回头曲线之间距离必须保持有足够的长度，以便于保证视距，设置辅助曲线、缓和曲线、标志和错车道，使驾驶员有充分的时间观察安全标志和操纵车辆连续反向转弯行驶，否则极易导致事故发生。《公路路线设计规范》JTG D 20—2006第7.10.2条规定：两相邻回头曲线之间，应争取有较长的距离，由一个回头曲线的终点到下一个回头曲线的起点的距离，在二、三、四级公路上分别应不小于200m、150m、100m。

平曲线与竖曲线（即平纵）配合目的是发挥各自的优点，搭配不当则会加剧两者的缺点，平纵搭配既要满足汽车运动学和力学要求，又要充分考虑驾驶员在视觉、心理舒适和操作方面的要求，避免产生扭曲、错觉和不良心理反应，平曲线与竖曲线在一起时，其技术指标之间的大小匹配应当均衡，不能一个大而缓，另一个小而急，应做到：

（1）平纵组合时，竖曲线应包含在平曲线内，且平曲线应稍长于竖曲线，避免在凹曲线处产生扭曲；也便于驾驶员驶至凸形曲线的顶点之前能清楚看到平曲线始（末端），辨明弯道方向；

（2）保持平曲线与竖曲线大小的平衡，使线形在视觉上、心理上保持协调；

（3）选择合适的合成坡度，合成坡度过大，对行车安全不利；过小对排水不利，也影响安全行车；

（4）凸形竖曲线的顶部和凹形竖曲线底部不得插入小半径平曲线，也不得将这些曲线顶点作为反向曲线的转向点，否则在凸曲线顶部，驾驶员失去视觉诱导，来不及操作；在凹曲线底部，车速较高，驾驶员此时急打方向，很容易引发危险事件；

（5）直线或大平曲线上纵断面线形不得存在驼峰、暗凹、跳跃等使驾驶员视线中断，或者忽上忽下的线形，否则会造成驾驶员视线不连续，受到竖向离心力的反复变化影响，引起心理不适和操作失控。要避免在驾驶员的视域内出现反复变化的线形，在驾驶员的视域内线形反复变化，无论是平面线形上的方向变化，还是纵面线形上的坡度变化，都会使线形外观不连贯，形成视线盲区和错觉，使驾驶员产生紧张感，影响行车舒适和安全。因此，美国有关专家建议，驾驶员在任何一点所看到平面线形上的方向变化不应超过 2 个，纵坡线上则不应超过 3 个。

路的线形最终是以平面线形、纵断面线形和横断面形式组合而成的立体线形映入驾驶员眼帘的。驾驶员在驾驶车辆过程中所选定的实际行驶速度，是由他对三维立体线形的判断做出的。公路的立体线形除了必须满足驾驶动力学要求的最小值外，还应满足驾驶员视觉心理方面连续、舒适的要求，反映公路线形好坏的关键是速度的连续性，它直接影响道路交通的安全。麦克康纳尔在经过大量的实验后认为：虽然当车辆在弯道上行驶时，它的 6 个自由度都处在变化之中，但人体的感觉器官并不是对所有的运动自由度的变化都能感知，而是只有当这些自由度的变化大到一定的程度后，驾驶员和乘客才会感觉得到，并逐渐大到影响人体舒适性；使各个运动自由度的特性值控制在感觉极限值以内，则车辆的行驶舒适性好，乘客将难以凭感觉器官感觉到弯道的存在，从而达到车辆在水平直路段上行驶时的舒适程度。

通过对大量线形实例及事故多发地段的分析对比，确定组合曲线多发交通事故的症结之一是：组合曲线中线形元素的起点和终点衔接不畅，其曲率变化不连续，出现陡变点。为弥补这一不足，我们引入布劳斯关于汽车行驶规律的研究成果，考虑我国道路现状和国情，基于交通安全的角度对布劳斯曲线的研究成果进行改进和完善。

道路曲线实际上不是一条简单的平曲线或竖曲线，而应该是一条自由舒展的空间曲线，它既能够满足行车的力学性能，又能满足线形连续、指标均衡、视觉良好、景观协调、安全舒适等要求。

车辆在行驶过程中，存在一条曲率连续变化的轨迹，无论车速高低，这一轨迹线都是客观存在的，它的形式和长度则随行驶速度、曲率半径和司机转动方向盘的快慢而定。在诸多的交通事故中，大部分驾驶员出事故是由于困难的行驶条件所造成的，道路的几何要素或线形组合不合理，都有可能导致交通事故的发生[7]。

3.4 山区灾害多发区段道路选线中的交通安全问题

中国地域辽阔广大，地貌类型繁多，地质构造条件复杂，生态环境脆弱。尤其是在山区的道路工程建设中，地形、地质和环境条件的多样性和复杂性是非常突出的，在我国已建成的公路中已经出现了严重的地质灾害和病害，导致了很多交通事故的发生。因此，山区道路选线是摆在道路建设者面前的一项重要研究内容。

在山区道路灾害多发区段，防灾减灾是山区道路选线的决定性影响因素，它将直接影响着所选线路的质量。所选线路质量的优与劣，将会是线路经济合理、安全可靠的重要影响因素，同时，这对于减少灾害发生、降低工程对环境的影响、降低工程造价以及降低未来线路运行的风险有重要意义。

山区道路灾害的发生不仅给人类生命带来威胁，而且对线路、环境等均具有破坏性。由于地质灾害的发生具有区域性、突发性、分布广、频率高等主要特点，地质灾害所造成的损失十分严重，对道路安全造成的影响非常严重。在过去几十年的西部经济发展过程中，由于忽视了山区道路的防灾减灾，就有很多教训值得吸取，如宝成公路因滑坡灾害，在公路建成后，经过长达 1 年多的灾害整治才恢复通车；1980 年成昆公路滑坡中断行车 40 天；甘肃内国道宝鸡至天水段由于处于我国地质灾害的高发区公路在建成后的 30 年间，因地质灾害中断行车 195 天，经济损失达 2.49 亿元人民币。

在整个道路选线的过程中，山区灾害多发地段的道路选线往往是其中的决定因素。一个地区的灾害活跃程度以及对经行线路的危害程度如何，是山区灾害多发区段道路选线所必须要考虑的主要内容。

山区道路灾害多发区段选线的过程中，线路方案的比选是一项重要的研究内容。目前，线路方案比选往往是依据由地质地形条件、山地灾害防治工程确定出的线路长度及长期运营费用、控制性桥隧工程、工期、工程数量和概算等多因素凭经验决策。由于各因素互有短长，再加上对其认识程度不够，专家决策系统虽有所进步，仍属经验范畴，因此技术经济综合比选的最优化理论模式很有意义，然而该理论存在着进一步完善和推广的问题。由于理论方面的不够完善，在方法上也存在过分强调单一因素的问题，由此可见，技术经济、安全可靠的综合比选的最优化理论模式和灾害选线整体优化方法是需要进一步完善的课题。

在山区道路灾害多发区段选线过程中，道路工程的建设对脆弱生态环境影响是山区道路灾害多发区段道路建设中进行环境考虑的主要体现。环境影响评价的主要目的是预测工程建设对环境的影响，进而指导道路选线方案的确定。但是由于中国交通建设项目环境影响评价工作起步较晚，虽然经过几年的环评工作，评价水平逐年提高，评价经验日渐丰富，但还是存在许多不足，大都还停留在定性的模式上，有待于进一步深入的研究。

山区道路灾害多发区段的道路工程建设中，选线设计是一项重要的基础性工作。它不仅直接关系到所选线路的质量和技术经济的合理性，而且会严重影响到日后的道路施工、养护的费用，线路运营的安全可靠以及未来线路的改建与发展。因此，山区道路灾害多发区段选线，要全面客观地综合分析地形背景、地质背景和环境背景是非常重要的，这对于降低工程对环境的影响，从而使道路工程与环境的相互协调都具有重要意义。

在山区道路灾害多发区段线路选择的过程中，山区道路灾害多发区段的选线原则问题也十分突出。由于山区道路灾害多发区段选线尚没有系统的选线理论可遵循，选线的方法多凭个人或集体的经验而定，决策不尽科学，所以选线理论的研究有待进一步的完善和深入。因此，山区道路灾害多发区段的选线理论与方法研究不仅是适时的，而且具有理论意义和实用价值。本研究以期能从源头上最大限度地减轻线路的山地灾害，使线路以经济合理、安全可靠的方式通过山区道路灾害多发区段。

帕隆藏布流域地处藏东南，行政上分属波密、林芝、嘉黎、边坝和八宿县管辖，是西藏与内地及大西南省区联系的必经之地，保证该流域内道路的安全畅通对维护国家统一，加强民族团结，改善西藏投资环境，都有十分重要的作用。流域内地形险峻，地质条件复杂，山地环境脆弱，山区道路灾害类型多，分布密度大，发生频率高，活动规模大，可以称得上是一个自然灾害的博物馆。

流域内绝对和相对高度大，最高点加拉白垒峰，海拔7284m，最低点在与雅鲁藏布江交汇的河口处，海拔1540m，最大高差是5744m；山坡陡峻，山坡坡度一般在300以上，最大可达800。迫隆藏布流域地质构造复杂，地层分布特殊，主干断层和连片分布的花岗岩走向都呈北西—南东向，褶皱发育，岩层倾角大于或近于直立，为山地灾害的形成提供了必要的条件。流域内川藏公路两侧就有灾害性泥石流104处，平均每2.6km有一条泥石流沟，其中泥石流分布密度高的鲁郎到通麦段平均每2km就有一条灾害性泥石流沟。山崩滑坡灾害以通麦—东久地段最集中，活动最频繁，规模最大，目前已查明各种山崩滑坡20余处。坍塌灾害全路段有76余处，累计危害长15.6km，平均每公里约57.5m。水毁灾害共计有187处，累计长度38km，平均每公里水毁长度为143.3m，其中然乌—中坝段平均每公里水毁长度为320.5m。流沙灾害共计有17处，累计长度10km，平均每公里水毁长度为143.3m。

综上所述，以帕隆藏布流域作为本研究的研究区域，具有十分重要的现意义和实际应用价值。

3.4.1　山区道路选线及其相关的环境问题

中国山区面积包括高原在内约占全国总面积的三分之二，山区自然条件复杂，自然灾害严重，山区道路灾害具有成灾率高、影响面广、工程诱灾多、人为破坏大等特点。在长期的山区道路建设实践过程中，积累了丰富的实践经验。

3.4.1.1　中国山区道路选线的发展历史

20世纪50年代，山区道路选线，由于受施工技术能力的限制，对于长隧道、高桥梁的建设尚缺乏经验，一般都采用加大限制坡度、增大展线系数的办法，大都偏重于地形选线。

20世纪60、70年代，新技术开始在长隧道、高桥梁中得到应用。在正确处理有关的深路堑与短隧道、高路堤与栈桥、长隧道与短隧道群、沿河陡坡路堤与跨河方案等方面积累了宝贵的经验。

20 世纪 80 年代以来，地质因素已经普遍得到了线路专家的高度重视，提出了规范化的地质选线的技术原则[8]，地理信息系统、遥感以及综合物探等多种现代化勘测设计手段得到普遍的应用。

3.4.1.2　山区道路选线中对环境影响的处理方法

（1）地质选线

目前，山区道路选线已由地形选线为主变为地形控制与工程地质选线并重的综合选线。针对山区地形、地质都比较复杂的情况，选线时要坚持系统分析原则、综合选线原则、整体最优原则等地质选线原则，尽可能地绕避地质不良地段。另外，地质选线要重视施工地质和运营地质，用动态观点研究处理地质问题。

在山区地形、地质复杂地段，道路一般都是从一条河的流域跨过分水岭进入另一条河的流域，因此山区道路选线主要是越岭选线与河谷选线，其重点要解决的是越岭垭口的位置、隧道长度和越岭高程的选定。

1）越岭选线

越岭线路主要由岭顶的长隧道或深路堑、分水岭两侧的引线以及谷底桥梁或高路堤等三个部分组成。越岭选线的主要工作是越岭垭口的选择，越岭线路谷部桥位的选择和越岭引线的选择。

在垭口的选择方面，主要从不同高程、不同的地质条件和两端引线条件三个方面来选择垭口。

越岭标高的选择常与越岭隧道长度、限制坡度等相互制约，应根据实际的地形、地质等情况，分别进行比选。

展线主要根据工程运营要求，选择良好的工程地质条件、有利的越岭标高和尽量小的限制坡度，选取合理的展线方式。

越岭线选线主要有实地选线法、航测选线法、航测技术与计算机相结合的自动化选线法。实地选线法是较为原始的方法。航测选线法是目前在高速公路、一级公路中普遍采用的方法。航测技术与计算机相结合的自动化选线法是运用地理信息系统进行计算机自动布线的方法，我国在这方面的研究起步较晚。

另外，潘瑞春在以上常规选线方法的基础上，提出了结合极坐标原理进行越岭线选线的新思路。

2）河谷选线

山区河谷选线可充分利用河谷纵向坡度比较平缓的特点，便于施工，有较好的运营条件，同时沿河谷经过居民集中的城镇较多，有利于山区工农业的发展。

山区河谷，只要河流有很小的弯曲，在凹岸往往形成陡崖峭壁，而凸岸一侧形成伸出的缓坡山咀。因此，山区河谷选线重在注意换岸方案的选择[20]。河谷线路换岸方案的选择，应通过对两岸地质条件综合分析对比的同时，注意以下几个方面：

首先应是左、右岸的比选，确定线位在同岸或对岸后，然后再进行局部换边的比选；其次，在沿河线路在进行左、右岸线路方案比选时，不但要考虑既有不良地质的影响，还应考虑施工期间或运营后可能发生病害的影响；最后，左、右侧线路方案的比选，应以维护工程安全及尽量考虑不良地质地段的稳定性为原则。

3）困难地段用横断面定线

在山区地形复杂或地质不良地段，高填、深挖、明洞、隧道、挡墙、护坡、横桥、河岸防护等工程经常出现。但是，只要充分利用地质地形的特点，将线路中线左右移动几米，即可使工程情况大大改善。在较大比例尺的横断面图上，结合工程所处的地形地质情况，确定线路中线移动的理想位置。在地形陡峻地质复杂地段，根据地形、地质、水文等的控制要求，采用控制横断面定线，能较准确地确定线路位置，达到比较理想的工程效果。

（2）考虑环境因素的选线

良好的生态环境具有抑制或减轻自然灾害的功能，在山区道路选线设计中应对环境因素进行周密的考虑。周华国从道路对环境影响出发，提出了铁路选线方案比选的多目标模糊优选方法。把生态环境因子作为线路评选的一个重要内容是非常必要的，它是改善山区脆弱的生态环境，指导选线减灾防灾的一条根本性措施。目前，山区道路选线中环境保护的问题，已越来越引起线路设计人员的重视，其主要研究内容和方法体现在以下几个方面。

1）把山区道路选线与环境保护紧密结合起来而采取的方法

① 平面上采取避让的方法

在选线中除应考虑工程造价及技术标准外，山区道路的选线设计应尽量避让珍稀动植物资源集中的地区以及一些具有特殊意义的区域，例如湿地、自然保护区、天然森林、森林公园、水源区等。

② 横断面上采用缩距法

路堤、路堑的填挖高度，直接关系路基边线宽度的大小，因此，在纵坡拟定时，要尽量考虑横向边沿的最佳宽度。

③ 纵断面上设置变坡点法

山区道路选线中，若纵断面变坡点设置不当会产生大量的挖填方，这在破坏了地表植被和表土的同时，也增加了边坡和路基的不稳定性。因此，山区道路选线中减少填挖方量是环境保护的一项重要内容。

2）综合考虑山区道路选线与环境保护工程

在山区道路建设中实现工程建设与环境保护相协调，是山区道路与环境科学的一项十分紧迫的任务。要搞好山区道路选线的环境保护，首先，要在整个线路建设中充分体现环境保护优先的原则，并在线路规划、设计、施工和运营各阶段都建立环境调查、环境治理和环境评价程序；其次，在环境保护的工程方面，除了防声墙、绿化工程外，还有其他诸如勘测设计、施工组织等，都应考虑到可能对环境造成的各种不良影响而加以控制；最后，必须将道路选线工程设计、环境保护工程结合起来考虑。

3）考虑线路运营的环境问题

山区道路选线中，考虑线路在运营后[13]的环境影响是山区道路选线中必须考虑的一个重要方面。投入运营以后的环境问题，主要从两方面来考虑。首先是对生态环境的影响。大量的开挖取土，破坏土体原有自然结构，相应的生物链随之改变，也就改变了动植物的生存环境；其二是对水土环境的影响。边坡中深挖路堑、高填路堤，引起塌方、滑坡等现象，造成地质条件的不稳定。

4）山区道路选线中对环境影响的评价

在山区道路选线设计过程中，除了满足线形设计的基本要求外，考虑对环境影响的评价也是体现环境保护思想的一个重要方面。山区道路环境评价应从两个方面考虑，其一是对道路沿线的地质地貌评价；其次是对道路对生态环境方面的影响评价。目前的环境影响评价制度是在建设项目的可行性研究阶段和初步设计阶段进行的，需要把环境影响评价扩大到项目的立项及实施全过程。另外，在评估方法上采用了基于 GIS 的综合环境影响评估方法，分析讨论了道路与环境的相互影响和线路方案的优化。

3.4.1.3　山区道路选线中应进一步研究的问题

尽管山区道路选线已经取得了显著的成果，但还不能满足山区道路防灾减灾工作的需要，这主要表现在以下几个方面：

（1）山区道路选线的理论和方法的研究有待深入

在选线理论上，山区道路选线的理论目前国内外大都是定性的描述和经验的总结。国内的选线理论，在路网规划和局部灾害路段定线等方面已有局域的理论或模型，但缺乏一套系统的选线理论做指导。山区道路的选线成果还仅体现在河谷选线、越岭选线等选线原则和经验总结上，选线理论的研究有待于进一步的深入和完善。

在选线方法上，近年来由于计算机技术在道路选线设计中的应用，使选线的技术方法有了长足的进展。在这方面铁路工程建设智能决策系统，开始应用于选线设计中，研制了铁路平面选线专家系统，线路平、纵面辅助设计系统，铁路线路平、纵断面整体优化设计系统以及俄罗斯研制的新线纵断面优化设计系统。

在经济评估和风险分析的基础上，基于山区道路的多目标决策与可靠性分析，国内针对泥石流和滑坡开展了初步研究。这些成果为道路灾害防治与定线理论的建立奠定了一些基础。然而，理论上的一些问题导致了方法上存在仅凭经验的不足。

（2）对山区道路灾害的预测预报水平有待提高

山区道路灾害密集分布带一般沿活动性构造断裂带展布，主要集中在新构造运动强烈的地形突变区。另外，线路的起讫点决定了线路的基本走向。这两条选线的基本原则决定了山区线路必须穿过一些不良地质区，少数灾害难以绕避。所以，从灾害形成条件分析灾害的空间分布，对于指导山区道路选线和防灾减灾工作有重要意义。灾害的空间分布虽有宏观规律可循，但具体到某个小区域，比如，一些泥石流沟是低频泥石流沟，分析和预测灾害分布地点的精度要能指导工程实践，目前还处在探索阶段。

预报灾害发生的时间对于躲避灾害的袭击、保障行车安全具有重要意义。在研究山区道路灾害的预测预报的方法上，近年来，作为一种尝试，艾南山等将信息熵、超熵引入流域系统稳定性的评价中，为灾害预测提供了新的途径。

灾害长期发展趋势预测对于山区道路选线及防灾工程设计至关重要。对发展型灾害漏治或轻治将贻害运营，对衰退型灾害大治重治将浪费投资。但是灾害发展趋势预测的主要困难是难以估计人为破坏活动，因此灾害发展预测至今仍处于探索阶段。

山区道路选线中，由于自然现象与社会经济本身固有的不确定性，比如，在为线路方案提供地质资料时，常常需要依靠专家的丰富经验来处理，环境地质灾害在其发展演变进程中，往往表现出突发性、偶然性和随机性。因此，对山区道路灾害发生概率的研究，可为防灾减灾提供科学依据，并且是开展以灾害风险评价为指导、进行方案比选和优化设计作业的首要环节。山区道路选线，可通过科学评估影响线路的各种灾害，考察线路周围灾害的形成环境条件，分析其发展趋势，指导线路的步设。姚令侃提出了用计算机模拟方法计算可靠性的过程，并讨论了马尔可夫模型在系统可取性状态预测中的应用。

（3）山区道路灾害防治的系统性有待完善

基于山区道路环境地质灾害系统的整体性、关联性和群发性的特点，环境地质灾害在其发生过程或发生后常诱发其他类型的次生灾害，如泥石流、滑坡等灾害的发生，常常会造成水土流失，而水土流失又造成盆地内河道淤塞等灾害，形成相互叠加的灾害链。这就要求对山区道路灾害防治具有系统性。

山区道路灾害防治的系统性应包括以下三个层次的内容。首先是整条线路的灾害防治要有系统性。从系统论的观点，把全线作为一个串联系统，各灾段、灾点作为子系统，统筹防治工作；其次是山区道路沿线一个区域灾害防治的系统性。最后是工点灾害防治全过程的系统性。

（4）进一步重视地质环境的研究

地质选线是山区道路选线的重要内容，要在工程活动中保护地质环境，必须重视对地质环境的研究。在山区道路工程建设中，由于工程活动中缺乏保护地质环境的意识，不同程度地恶化了地质环境，相继酿成一些地质灾害。今后在山区灾害区段道路选线中应注重以下两个问题的研究：

1）应加强地表及岩体稳定性的研究，分析区域构造环境、水文地质环境，建立环境工程地质评价模型，论证其区域稳定性。

2）重视对易变形地质单元的动态预测，如高边坡、软弱夹层、不利的结构面等。应该综合考虑这些不利因素对工程开挖后的影响，做到有备无患。

（5）山区道路选线中考虑工程与环境协调

山区复杂的自然条件使道路建设的难度很大，同时山区十分脆弱的自然环境使得工程建设对自然生态环境的影响也很大。在经济和社会发展中要处理好山区道路建设环境保护的关系，实现道路建设与环境保护协调发展，就必须一方面重视工程建设对自然生态环境的影响，注意对自然生态环境的保护；另一方面提高工程建设中的科技含量，实现综合决策，坚持可持续发展的道路。

（6）山区道路灾害对环境影响的评价

山区道路选线中环境影响评价是工程建设中进行环境考虑的主要体现。环境影响评价的主要目的是预测工程建设对环境的影响，进而指导道路选线方案的比选。但是由于中国交通建设项目环境影响评价工作起步较晚，虽然评价水平逐年提高，评价经验日渐丰富，但还是存在许多不足，大都还停留在定性的模式上，有待于进一步深入的研究。

3.4.2 影响山区灾害多发区段道路选线的信息提取及分析

在山区灾害多发区段，道路选线问题非常突出，环境因素、技术标准和工程因素相互制约，做好山区道路灾害多发区段的选线工作，对于减少山地灾害发生、降低工程对环境的影响以及降低工程造价都有重要意义。针对目前的研究现状，从定性、定量、定位相结合的角度，在建立山区灾害多发区段道路选线单因素分析层的基础上，提出了应用 GIS 技术提取影响山区灾害多发区段道路选线信息的方法。以帕隆藏布流域为例，进行了影响山区灾害多发区段道路选线信息的提取，并对其进行了分析。

3.4.2.1 建立山区道路灾害多发区段的单因素分析层

为获取影响线路方案的定量指标信息，首先要分层建立单因素分析模型，包括地质背景层、地形地貌层、山地灾害层、气温层、植被层等，每层按相应因素的等级、种类、用途进行编辑。其中，影响因素层主要从灾害因素考虑以下几个方面：

地形层：地形是山区道路灾害多发区段选线要考虑的基本要素之一，是控制工程量的重要因素，它直接影响着所选线路的经济合理性。同时，陡峻或平缓的地形对山地灾害的发生也起着重要的促进或抑制的作用。

地质层：地层特性、地质构造和新构造运动是影响流域内灾害发生的主要原因，选择有利于线路通过的地层和地质构造也是保证线路安全可靠的主要措施。

灾害层：灾害因素是山区道路灾害区段选线的重要影响因素，根据研究区域内不同灾害的类型，在完成其灾害分布的基础上，从山区道路工程的影响等方面来分析影响选线的重要因素。

气温层：气温因素是衡量山区道路灾害活动的现实物质条件或潜在物质条件的一个次重要指标。气温指标涉及的因素值有：年均温、气温年较差、气温极端较差、年均最高温与年均最低温之较差、气温在 0℃上下变化时间的长短和冻结深度等。

植被层：脆弱的生态环境是导致灾害发生的主要原因，所以分析研究区域内植被覆盖的情况，是抑制山区道路灾害发生的重要手段，也是灾害选线中必须要考虑的因素。

3.4.2.2 GIS 提取山区道路灾害多发区段的信息

应用 GIS 的空间分析功能，通过对已经建立的各影响层的分析，根据选线设计的各项技术标准，提取山区道路灾害多发区段选线诸影响因素的影响信息。利用 GIS 对属性数据的操作功能，对每一影响因素属性表中影响选线方案的相关指标项进行计算、统计，得到各评价指标的影响信息。

（1）分析地质构造影响信息。利用 GIS 带状缓冲区的分析功能，根据对线路的影响程度，选取适当的带宽，对地质构造线进行分析，提取对山区道路灾害多发区段线路的影响信息。

（2）分析地层影响信息。根据对线路的影响程度，通过对研究区域内的地层进行分级归类，然后进行统计分析，得出对山区道路灾害多发区段线路的影响信息。

（3）分析地形影响信息。通过对等高线、河流进行分析，生成 DEM 图，再在 DEM 的基础上生成研究区域的坡度图，据此，来分析提取影响选线的信息。

（4）分析灾害环境影响信息。主要是对不同类型灾害的不同特点进行分析，得到山区环境灾害对线路影响程度的信息。

（5）分析气温影响信息。通过对研究区域内的年均温（由于本区缺少气温资料，暂用年均温代替）进行分级归类，然后进行统计分析，得出对山区道路灾害多发区段线路的影响信息。

（6）分析植被影响信息。根据对线路的影响程度，通过对研究区域内的植被类型等进行分级归类，然后进行统计分析，得出对山区道路灾害多发区段线路的影响信息。

通过以上的分析，得到了线路诸影响因素属性表、选线影响要素图等信息，作为山区灾害区段线路方案优选的基础。

3.4.3 山区灾害多发区段道路选线的危险度区划

各种山区道路灾害影响因子的随机性和不确定性，决定了道路灾害发生时间准确预报的极度困难性。从选线的角度，使线路尽可能地避开不可防治或防治需要付出巨大代价的灾害区域是保证线路安全的一项重要举措。从减灾与防灾的角度，加强开展山区道路灾害危险度区划，开展预防性研究，从而为山区道路灾害多发区段选线决策提供可靠依据。所以，开展基于道路选线的危险度区划研究具有十分重要的实际意义与理论意义。

其基本思路是：在一定的区域环境内，在已经确定了多种影响线路环境因素的空间模型基础上，区划出该区域的最优化线路走行范围，从而达到线路可靠性的最优化及经济效益的合理化。随着地理信息系统技术的飞速发展，其数据库及空间分析技术，为定性和定量相结合进行道路危险度区划提供了新的方法和途径。

本章以山区道路灾害多发的帕隆藏布流域为例，讨论了运用 GIS 进行山区道路灾害危险度区划的方法。在收集了该流域大量的地形、地质和环境资料的前提下，从地形选线、地质选线和环境选线的角度，在分析山区道路灾害的发生发育以及形成的各主要影响因子的基础上，从防灾减灾及改善道路工程对生态环境影响的角度出发，完成了该流域基于山区道路选线的危险度区划，为山区灾害多发区段道路选线提供可靠的科学依据。

3.4.3.1 GIS 应用的原理

地理信息系统是采集、管理、分析与地理分布有关数据的空间信息系统。它一般都具有空间数据和属性数据的输入、编辑、查询、空间分析、统计等功能，与一般的数据库软件的区别是 GIS 可以进行各种空间分析，如缓冲区分析、叠加分析等。

GIS 开放的属性数据管理模式与强大的空间分析功能为我们提供了防治规划分区量化

的计算途径，确保其结果的科学性和前瞻性。这既提高了工作效率，降低工作成本；又增强了区域划分结果的可靠性，更具严谨的科学预测特性。该方法的基本工作思路是：利用GIS强大的空间图形和属性数据管理功能，实现对山区道路灾害地质环境数据的层次管理。首先确定道路灾害致灾因子，对道路致灾的单因子进行危险程度分区赋值。然后求出各因子的相对权重后，将各因子图层进行空间分析的图层叠加。最后将叠加后的图层进行加权综合，得出道路选线的综合危险程度值，从而实现基于道路选线的危险度计算机自动化分区。

3.4.3.2　灾害危险度区划研究现状

灾害危险度区划的研究是通过定性描述、数理统计等阶段的大量研究，是从低层次到高层次不断发展的。

自20世纪90年代以来，GIS广泛应用于各种灾害的研究，唐川针对泥石流灾害进行了风险评价的研究；殷坤龙从滑坡灾害方面探讨了灾害空间区划的理论体系、灾害风险评估及GIS的应用研究；刘行架实现地质灾害易发程度分区计算机自动化；陈晓清针对拟建向家坝、溪洛渡水电工程库区实现了基于GIS的泥石流危险度区划研究；阮沈勇讨论了将信息量模型与GIS系统结合，进行灾害危险性区划的方法；王平利用计算机快速、准确的性能，提出了基于空间邻域关系的区域合并方法；Chang-joF. Chung等完成了对哥伦比亚中部地区未来时段的滑坡灾害区划。

从上述文献分析可以知道，灾害危险度区划的精度越来越高，区划方法也从定性分析向定量分析发展。国内外学者对灾害危险度区划的研究，较多的是针对某一种单一灾害类型的研究。

3.4.3.3　危险度区划原则

山区灾害多发区段道路选线的危险度区划原则，是进行危险度区划所依据的基本准则，也是使分区得以正确或合理的基础。以尊重于客观事实为主要指导思想，一般的危险度区划应遵循的原则有以下四个：

（1）相对一致性与区域分异原则

相对一致性原则是指所划分出的同级类别灾害危险度类型区内部状况和基本条件保持相对一致性，实质上就是道路灾害发生发展的环境条件的相对一致性。

（2）定量指标与定性指标相结合的原则

这是指基础指标一律用定量指标，而经综合分析、整理、概括后形成的指标一律用定性指标，以保证指标的可靠性和合理性。

（3）主导因素原则

这是在分析各要素所起的作用时，要分清主次，抓住主导因素进行区划的原则。山区道路灾害对线路的影响虽然是它的整体造成的，但各因子的作用是不均等的。一般先确定主导道路灾害因子，然后再把灾害相近的区域划在一起，可以按照灾害因子的重要性逐级划分。

（4）综合分析与系统性原则

综合分析原则是在前三个原则的基础上，确定分区界线时，应对界限附近的条件加以综合分析的原则，以便分区得合理准确。区域自然灾害系统是由一些事件相互作用构成的一个整体，只有用系统的观点来分析和研究，才能真正认识其发展演化的规律。

山区道路灾害危险度分区方法归纳起来有两类分区方法：一类是定性方法、定量方法和定性定量相结合的方法；另一类是直接指标的方法和间接指标的方法。

定性的方法主要根据主观经验对山区道路灾害的危险性进行定性描述。所需要的数据主要来自于现场勘察，或者进行航片解译的结果；定量的方法是对山区道路灾害的危险性进行数学或数值算法上的计算。

直接指标的方法是针对已有完整的山区道路灾害资料的区域，根据山区道路灾害本身的特征进行建模分区。采用直接指标法分区要求区域的灾害资料完整，得出的结果才可能充分反映客观实际。在许多山区的道路灾害分布资料并不是很完整的情况下采用直接法受到限制，采用间接指标法进行分区有更大的优势。

间接指标的方法是针对区域内影响山区道路灾害发生发展的因素进行分析，建立一个模型考虑各因素作用大小而对山区道路灾害区段进行危险程度分区。通过对山区道路灾害影响因素与灾害关系的理论分析，采用打分或评级的方法赋予各因素以权重系数，再对各权重系数进行相关数学运算，从而得到灾害危险性区划的定量依据。间接指标法不要求有完整的山区道路灾害的资料。

目前，由于GIS技术的空间分析和可视化的特点，GIS技术在灾害区划研究方面正得到快速发展，以GIS为技术平台的山区道路灾害的危险性研究则逐步成为本领域研究的发展方向。

3.4.3.4 灾害多发区段道路选线的危险度区划因子分析

危险度区划指标因子的选取，这直接影响到危险度区划的准确性和可靠性。所以，合理地选择山区灾害多发区段道路选线的危险度区划指标因子是进行危险度区划的基础。另外，在山区道路灾害多发区段，崩塌、滑坡、泥石流等山地灾害频繁发生，由于受多种条件限制，要获取较完整的灾害资料相当困难，故采用间接指标法进行危险度分区，以此来评价山区道路灾害对线路的影响更为合理，更具有现实意义和易操作性。

本区划因子指标的选取是在借鉴大量已有研究成果的基础上，结合帕隆藏布流域道路灾害的实际情况，主要分为两类：基本因素和影响因素。本区划确定的基本影响因子有4个，分别是地形、地层、地质构造、植被；触发影响因素有2个，分别是降雨和气温。各区划因子的具体分析如下。

（1）地形因子

地形与山区道路灾害危险程度是密切相关的。一般情况下，地形对形成山区道路的影响主要表现在两个方面：其一，地形高程及地形变化程度也是影响山区道路灾害发生的一个重要方面，陡峻的地形可以为各种山区道路灾害的发育发生提供有利的条件；其二，地形高差变化，也是影响线路线形的好坏以及线路工程量大小的关键因素，因此，地形因子是该区划的最主要因子。

本区划采用通过对等高线进行分析，生成坡度图（如图 3-8 所示），在坡度图的基础上生成各个网格的地形高差变化信息（如表 3-8 所示），代表地形因子条件。根据高差的变化范围，以标准偏差的形式，将其分为 7 级（分级图如图 3-8 所示），作为反映地形对线路的线形及工程量影响程度的信息指标，同时也作为反映地形对山区道路灾害发生的贡献和对线路的影响程度的信息指标。各级标准偏差所对应的地形因子指标信息值如表 3-8 所示。

（2）地层因子

地层因子是产生滑坡、崩塌、泥石流等灾害的物质基础。所以，地层因子也是作为危险度区划的一个主要因子。由于各处的岩层产生的地质时代不同、成因不同和经历的地质变化不同，岩石本身的矿物组分、化学成分及含量、岩石结构构造和理化性质等都不相同。

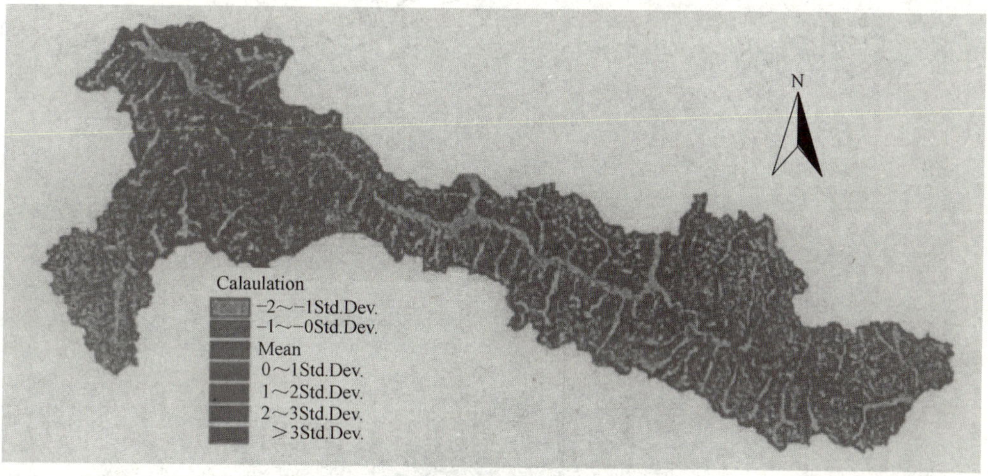

图 3-8　流域地形因子指标信息变化图

地形因子指标信息计算值与分级标准对应表　　**表 3-8**

地形因子指标信息计算值	分级标准	地形因子指标信息计算值	分级标准
-1.156～-5.946	-2～-1Std. Dev	20.142～27.241	1～2 Std. Dev
5.943～13.042	-1～0 Std. Dev	27.241～34.341	2～3 Std. Dev
13.042	Mean	34.341～89.671	>3 Std. Dev
13.042～20.142	0～1 Std. Dev		

故其破碎程度、风化程度等也不同，通过对不同地层的分析，比较其岩性和破碎程度，该区划因子可进一步划分为破碎岩体、松散岩体、软弱岩体、中等坚硬岩体和坚硬岩体等类别，根据它们对发育发生的灾害对经行线路的影响程度强弱的不同，分别赋值。

（3）构造因子

事实表明，在大的构造断裂带附近，滑坡、崩塌、泥石流等地质灾害往往成群出现，各种灾害又相互影响，形成破坏性巨大的灾害链。所以，把地质构造作为危险度区划的一个主要因子，对于线路避开灾害，提高所选线路的安全可靠性有着重要的意义。具体的操作如下，可以先根据地质构造线对所经行线路影响作用程度的大小，对地质构造线进行分级归类（如图 3-9 所示）建立不同的图层，然后，利用 GIS 的缓冲区分析功能，分别对其进行分析，得到强影响带、较强影响带、弱影响带、较弱影响带、无影响带的分区。然后根据它们对线路影响程度的大小，分别对其赋值，作为反映地质构造对线路影响的信息指标。最后得到地质构造线的缓冲区分析图如图 3-10 所示。

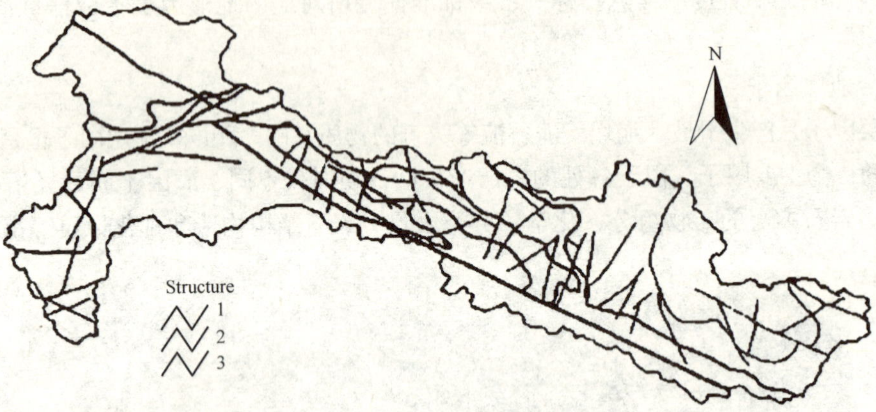

图 3-9 地质构造线图

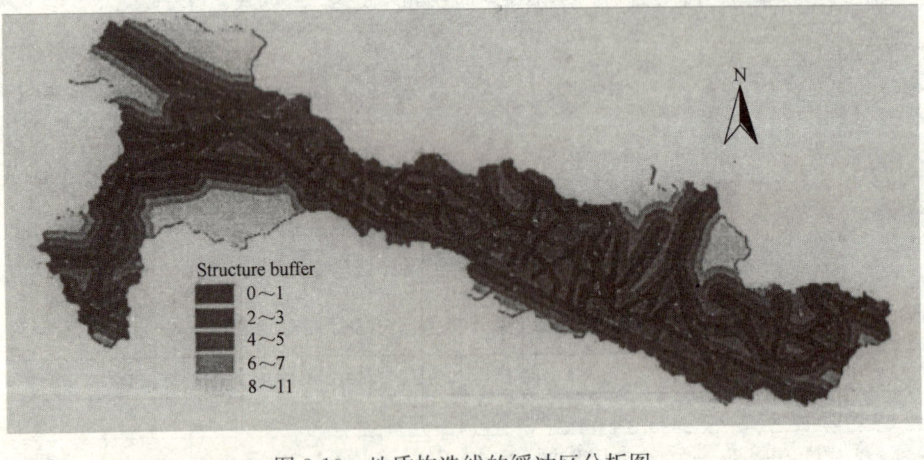

图 3-10 地质构造线的缓冲区分析图

（4）降雨因素

降雨既是各种山区道路灾害发生的动力因子，又是灾害的主要激发因素——水体的提供者，所以降水与各种山区道路灾害的发生有着十分密切的关系。降水因子作为区划的主要因子，涉及的因素有：年降水量、最大一日降水量、日降水量等。以降雨强度（如每分钟降雨量）来代表降雨因子最能说明降雨能引发的灾害对线路的影响程度，但该区域缺乏这方面的观测资料，故使用年降雨量来代表降水因子。该流域的年降水量等值线图如图 3-11 所示，经过分析处理，得到的降雨因子分区图如图 3-12 所示。

（5）气温因子

气温是反映灾害形成的潜在条件的一个重要指标，因为气温对岩体的风化起着直接的

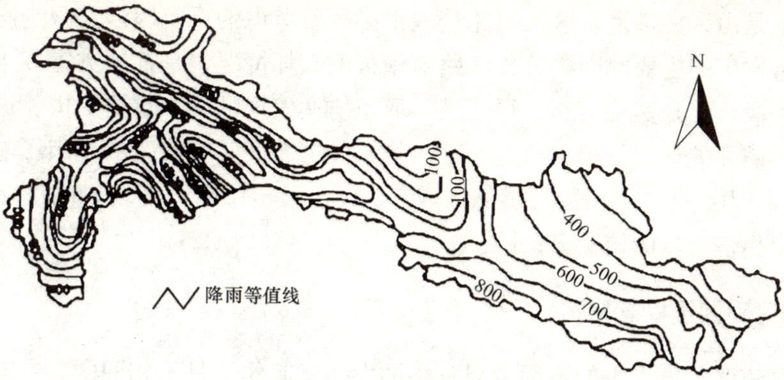

图 3-11　年降水量等值线图

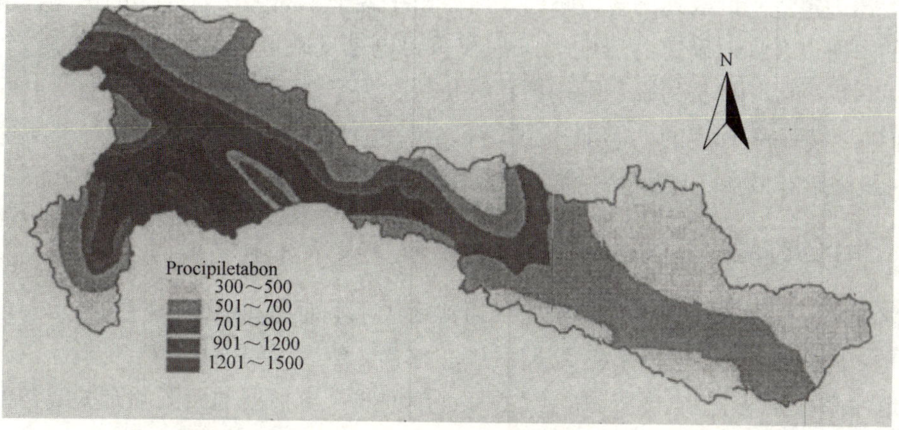

图 3-12　降水因子分区图

作用。另外，该研究区域的特殊性，冰川融化导致发生的灾害是该区域一种常见的道路灾害，气温是这种灾害的直接激发者。所以，在该区域的危险度区划中，气温是必须要考虑的一个重要评价因子，气温因子分区图如图 3-13 所示。

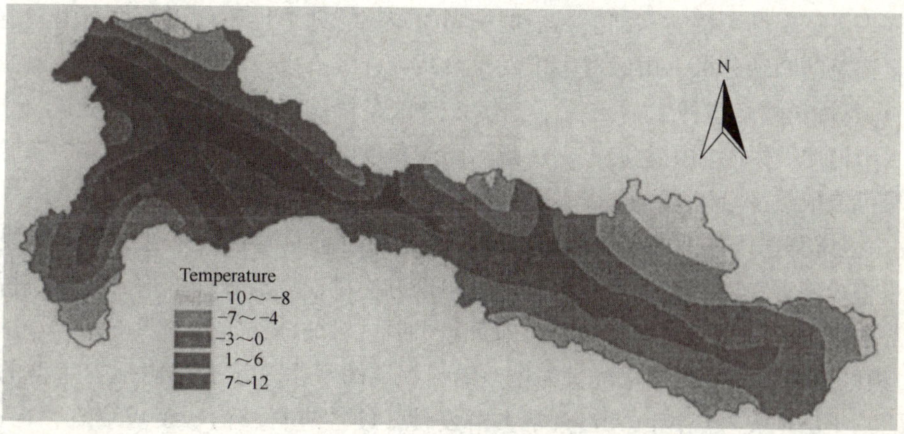

图 3-13　气温因子分区图

（6）植被因子

植被因子是山区灾害多发区段道路选线中必须要考虑的重要因素，因为脆弱的生态环境是导致灾害发生的主要原因。分析线路对植被的破坏情况，是抑制灾害发生、保障线路安全的重要手段，也是实现道路工程建设与环境协调发展的一个重要举措。通过分析经行线路对植被的破坏的情况，根据研究区域内植被的分布及其对线路的作用影响程度的大小分为5级，1级为影响程度最为严重的区域，5级为影响作用程度较轻的区域。经过分析处理，最后得出该流域的植被分区图。

3.4.3.5 各区划因子权重确定

影响山区道路灾害发生的各因素对灾害的发生所起作用是不相同的。在已确定的各区划因子中，求出它们影响山区道路灾害发生所起作用的相对大小是区划合理的关键所在。

按上述确定危险度区划的各影响因子后，由于各个不同因子对线路的影响程度的大小是不同的，所以合理地确定各影响因子的权重，也是反映区划结果合理性的一个重要方面。这里各影响因子权重的确定采用层次分析法。为了便于区划模型的建立，对每个因子根据它们对线路影响程度的大小都分为5级，统一使用1～5标度法分别对其赋值，其中5表示对线路影响最强，1表示对线路影响最弱。

3.4.4 山区灾害多发区段道路选线的原则与线路方案拟定

公路线路是一条空间曲线，这条曲线通常用线路平面图和纵断面图来表示。定线的基本过程是：先在平面地形图上拟定线路的中心位置，然后以线路里程为横坐标，以该里程对应的地面高程为纵坐标，绘出中心线的地面剖面线：再根据剖面图和有关线路设计的规定进行拉坡，得出地面中心线的填挖高度；根据填挖高度的大小决定平面位置是否需要移动；如此平面定线和纵断面拉坡交替进行，直到得出线路的正确位置。

3.4.4.1 山区道路灾害多发区段的选线原则与方法

（1）选线原则

在深入进行现场考察的基础上，根据帕隆藏布流域地形地质环境条件及山区道路线路的特点，经总结归纳分析，山区灾害多发区段减灾选线有以下的理论原则可以遵循。

1）在高桥长隧修建技术的支撑下，使线路以高桥长隧与山系正交的走向选择原则，从而减少沿河展线诱发的山地灾害。从减灾防灾角度，选线应贯彻与山系、构造线正交的原则，尽可能地减少沿河展线，以大跨高桥、长隧垂直穿越。

2）山区道路选线，应宁高勿低，尽早脱离灾害四伏的河谷，并避免集中展线诱发灾害。尽量将线路定在山地灾害群的上界，可用挖方通过崩塌滑坡体上部，用中小桥从泥石流的流通区或出山口跨越，避免向上、向下集中展线对坡体稳定性的影响。

3）山区道路选线，要强化绕避为主，沿河线路跨河、进洞躲避山地灾害群的防灾选线原则。由于山地灾害规模巨大，且常具群发性，硬性进行整治，工程艰难，耗资甚巨，往往不够现实，以绕避为主的减灾选线原则更显重要和适用。

4）山地灾害分布在向阳的南坡比在向阴的北坡要密集，应顺应山地灾体的这种坡向分异，贯彻沿河线路多经阴坡、少经阳坡的平面选线原则，沿河线路应首选南岸。由于谷坡水热条件的坡向差异，导致地形、气候、水文等自然地理要素显现一定的坡向差异，受其制约的坡地山地灾害也呈现某种程度的坡向性分布规律。总体上，阳坡比阴坡的山地灾害多，规模大。

5）充分考虑山区道路灾害的变化和发展趋势也是要遵循的一个重要原则。在山区道路灾害多发区段选线时，除了正确地判断灾害的性质、现状和发育阶段外。充分估计道路工程实施后，灾害的发展变化对确定合理的线路位置也是十分重要的。山区灾害多发区段道路选线也只是常规道路选线的一部分，一些常规的道路选线方法，如系统分析原则、综合选线原则、整体最优原则等，也是其中要遵循的主要原则。

上述减灾选线原则还仅是单项性的，具体要根据特定线路所经地形地质条件，相互匹配，综合应用，组成减灾选线的综合原则。对于不能相洽的减灾选线单项原则，则要趋利避害，择善而行。

上述选线定线原则只是从减灾防灾角度出发的，除此以外，线路的具体选线定线还要根据技术标准等线路条件，投资与工期等建设条件，居民点分布等经济条件，资源分布等发展条件，交通现状等施工条件来全方位地综合考虑，选定出一条技术标准较高、投资较省、工期较短、安全可靠、促进沿线经济发展的线路。

（2）定线方法

1）紧坡地段定线的原则与方法

当采用的最大坡度小于或等于地面平均自然坡度时，线路不仅受到平面障碍的限制，更主要的是受到高程障碍的控制，这样的地段称为紧坡地段。这时，需要根据地形变化情况，有意识地将线路展长，以便达到预定的高程。

紧坡地段通常用足最大坡度定线，以便争取高度使线路不至额外展长。为使线路达到预定高度，需要用足最大坡度结合地形展长线路，称为展线。

在展线地段定线时，不能在长距离内机械地全部用足最大坡度，在坡度设计上应适当留有余地；一般不采用反向坡度，以免增大克服高程引起线路不必要的展线和增加运营支出；一般应从困难地段向平易地段引线。

在紧坡地段，线路的概略位置，可借助于导向线来拟定。导向线是既用足最大坡度，又在导向线与等高线交点处填挖为零的折线，定线步骤如下：根据地形图上等高距 Δh（m），计算出定线步距 Δl：

$$\Delta l=\frac{\Delta h}{i_{\mathrm{d}}} \tag{3-2}$$

式中 Δl——定线步距（m）；

i_{d}——定线坡度。

按地形比例尺，取两脚开度为 Δl，将一只脚定在起点，用另一脚截取相邻的等高线，如此前进，这些截取的点连成折线，即为导向线。在同一起点，有时可以定出多条导向线，偏离短直方向远的，可以放弃。

2）缓坡地段定线的原则与方法

在缓坡地段，定线时可以航空线为主导方向，既要力争线路顺直，又要尽量节省工程投资，为此，应注意以下几点：为了绕避障碍而使线路偏离短直方向时，必须尽早绕避前方的障碍，力求减小偏角；线路绕避山咀，跨越沟谷或其他障碍时，必须使曲线交点正对主要障碍物，使障碍在曲线的内侧并使其偏角最小。

3.4.4.2　山区道路灾害多发区段线路方案的拟定

（1）概略定线

概略定线的具体步骤如下：

第一步，在平面图上找出线路起点、终点的位置，在两点之间识别出山头、垭口、山谷、河流、村庄，并判定这些点的地面高程；

第二步，将两站中心以直线相连，称之为航空折线，量出其距离，定线时应尽量使线路接近航空折线；

第三步，在航空折线附近，找出线路可能经行的垭口、河谷以及需要绕避的村镇。将上述有关控制点连线，即成为线路不同的走向；

第四步，找出有关控制点的地面高程和所连线的水平距离，求出各折线的概略坡度（i_{max}为最大设计坡度；i_{pz}为地面平均自然坡度）。若 $i_{max} \leqslant i_{pz}$，则为紧坡地段；若 $i_{max} < i_{pz}$，则为缓坡地段；

第五步，经过对概略选定的各方案的各项指标的初步评比，选定线路的基本方向，作为定线依据。

（2）定线步骤

第一步，根据概略定线选定的线路基本方向，从始点站中心开始，沿给定的站坪方向，量出半个站坪长度，从站坪末端开始试定线；

第二步，对紧坡地段，要按其相应的定线原则进行定线。如果紧坡地段需要展线，要注意对展线方式的研究，如果越岭垭口出现隧道，要注意洞口位置的选择，洞口高程和隧道长度的研究；

第三步，定线时一边定平面，一边绘相应的纵断面，大约定出 3～4km，进行一次初步的坡度设计，若填挖量太大，则进行修改。对紧迫地段而言，改变坡度和改善平面位置结合进行，直到线路填挖工程量和线路平顺都符合要求，再进行下一段定线工作；

第四步，每一段经反复修改，认为完全合理了，可绘制纵断面图；

第五步，平面图上绘出线路里程与百米标，纵断面图参考附图例；

第六步，线路定至终点附近时，布置车站位置。

（3）平面和纵断面设计

平面和纵断面设计的目的是要设计出线路的几何形状和空间的具体位置，其要点如下：

① 利用三角板和铁路曲线板，参照概略线路，引绘线路平面。在绘制过程中，要注意直线与曲线的配合，选配合理的曲线半径，并考虑《线规》的有关规定、地形地质特点

和有关技术经济要求。

② 量出曲线偏角，选配缓和曲线长，计算出切线长、曲线长。

③ 在地图上量出曲线的直缓点和缓直点，由设计起点开始，量出各千米标、百米标和缓直点里程。

④ 按里程及地面点的标高绘出纵断面图的地面线；在纵断面图里按里程绘出平面示意图，曲线内侧填注曲线要素。

⑤ 根据地面起伏、地面横坡、地质条件和规范有关规定，进行纵断面设计，定出各个坡段长度（50m的整倍数）及坡度大小（除折减地段外，取0.5%的整数倍），绘出设计坡度线。

⑥ 通常在定出一小段平面后，紧接着设计纵断面，在试定出3～4km线路后，进行全面的检查、分析，看是否合理。

⑦ 重复上述步骤，设计下一段线路，直至设计终点，然后按相关标准绘制平面图和纵断面图。最后还应进行线路平面、纵断面的改善。在设计上，平、纵、横断面三者是互相制约的，改动纵断面，要检查横断面的变化和平面位置的合理性[8]。

第 4 章　道路选线不当造成的交通事故案例分析

道路选线不当往往会造成各种交通事故，下面就分析一下各种不当的选线造成的交通事故。

案例 1　济南市南外环怪坡选线不当——长下坡路段

济南市怪坡位于二环东路与二环南路结合部，经济学院往南 300m，路中间设水泥墩子，全长 5.5km，最怪处为经济学院门口向南 1.5km 处。造成怪坡的原因是该段路坡度大而且坡长比较长，造成了视线上的偏差，在一段路上，视觉效果是在上坡，但是实际情况是下坡，所以对此路段不清楚的外地司机容易在此处操作不当，不但不采取制动措施，反而会加大油门“爬坡”导致交通事故。对于气刹车，如果长时间刹车，气刹车的效果会减弱。因为该路段气刹车经常出现交通事故，所以后来就禁止气刹车通行了。

图 4-1　错觉形成示意图

原因分析：该路段选线不当，下坡坡长太长，有 5.5km，远远超出了规范规定的最大坡长。在改下坡路段中，有一段下坡坡度变缓，因此在视觉上给人一种错觉，是驾驶员在下坡的过程中感觉是在爬坡，因而非但没有采取制动措施，反而采取加大油门的操作，进而导致车速过快，极易导致交通事故。该段路建成初期经常发生严重的交通事故，对人员车辆造成极大的伤害，后期虽然采取了一些改造措施，增加了安全警示标志，但是不能根本改变该处路段事故高发的现状。此处路段道路选线非常失败，警告道路设计者在今后的选线中要尽量避免过长的纵坡，以及长纵坡中间设一段缓和的纵坡，这种设计容易给驾驶员造成错觉。

案例 2　国道 220 山东省济南市平阴县黑风口段——大纵坡接小半径平曲线

该处道路是越岭线，道路纵坡坡度较大，道路两侧路堤较高，陡坡紧接小半径平曲线，下坡车辆车速较高，在转弯时特别突兀，极易导致车辆侧翻下路堤，导致严重的交通事故。该处路段建成通车时，经常发生交通事故，据统计，平均每月至少发生两起交通事故，造成了严重的生命财产损失，社会影响极其恶劣。后来经过改

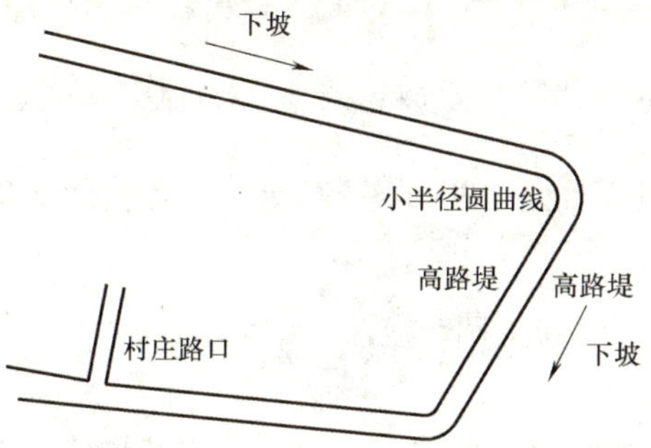

图 4-2 黑风口道路示意图

造，在道路两侧设置了水泥护栏，安装了警示警告标志，事故率才有了降低，损失才得以减轻。

分析总结：该处路段选线设计存在明显不当，采用了较大的纵坡紧接小半径圆曲线，中间没有设置缓和曲线，而且较大的纵坡容易导致车速过高，在高速经过小半径圆曲线时，导致司机猛打方向盘，容易导致侧翻事故或者汽车直接冲下路堤。这种线形极易增加司机的紧张程度，增加心理负担，进而导致操作不当，产生交通事故。

案例 3 北京八达岭高速公路 55km～50km——长下坡且弯多，制动失灵

该路段自 1998 年 11 月以来到 2004 年 1 月止，共发生事故 170 起，死 43 人，伤 111 人，造成了严重的人员财产损失，2004 年初，公安部和国家安全生产监督管理局研究确定了两部局督办治理的全国 29 处危险路段之一。

案例 4 河北 207 国道 386km～388km——连续下坡转弯

2002 年以来，发生事故 48 起，死 20 人，伤 20 人。内蒙古 110 国道 321km～325km——坡长路陡，弯道多，视线短，2003 年 7 月以来，发生事故 14 起，死 9 人，伤 19 人。

案例 5 福建 316 国道 103km～95km——10km 上坡，10km 下坡，极限弯、极限坡

2002 年以来，发生事故 53 起，死 34 人，伤 40 人。

案例 6 河南 107 国道走马岭坡道 936km～938km——路面狭窄，坡陡且长

2002 年以来，发生事故 76 起，死 12 人，伤 8 人。

案例 7 湖北 318 国道 158km～1362km——长陡坡、急弯、一侧悬崖

2000 年以来，发生生特大事故 13 起，死 18 人，伤 13 人。

案例 8　湖南省永慈 39km＋500m——连续下坡转弯，弯道后是马路市场

2003 年 3 月 30 日发生 1 起特大事故，死 12 人，伤 21 人。

案例 9　广东京珠高速公路粤北段 39km～52km——重载汽长时间制动，导致刹车失灵，造成事故

2003 年 4 月 3 日开通至 8 月 20 日，发生事故 40 起，死 27 人，伤 57 人。

案例 10　陕西长武县亭口坡 1650km～1654km——连续坡道与弯道组合，平均坡度达 5%

2001 年发生事故 47 起，死 15 人，伤 26 人；2002 年以来发生事故 29 起，死 20 人，伤 16 人。

分析总结车辆在坡道上的事故形态主要体现在以下几个方面：

（1）车辆在陡坡路段下坡行驶时，驾驶员为节油常采取熄火滑行的操作方法，一旦遇到紧急情况来不及采取应急措施，使得汽车失控驶出路面，或者与上坡超车车辆正面相撞。

（2）车辆下长坡时，由于重力作用使得行驶速度过高，制动非安全区过长，撞及其他车辆和行人的可能性大。同时，汽车长时间连续下坡行驶时，频繁使用制动器，容易使制动鼓持续处于高温状态，致使制动产生热衰减，遇有紧急情况不能及时停车，从而引发事故。

（3）车辆在绕过路边停车时与对面来车相撞；或者上坡过程超越货车时，由于货车遮挡视线而与对面来车相撞。

（4）车辆下坡时，车速较快又遇到小半径圆曲线，急转弯导致汽车侧翻或者是冲下路堤，导致较严重的交通事故。

案例 11　甘肃天谗公路 75km～63km——长下坡，连续 S 形弯道

2001 年以来，发生事故 51 起，死 72 人，伤 96 人。

案例 12　新疆 312 国道 3732km～3750km——下坡终点处为急转弯，且外超高不够

2002 年以来，发生事故 7 起，死 10 人，伤 11 人。

案例 13　甘肃省陇南市 205 省道 125km＋200m——连续弯道下坡右转弯

2010 年 2 月 10 日陕西省一辆大型普通客车行至该路段时，遇雨雪天气，路面结冰，超速行驶，车辆驶出公路，翻入坡长 83.4m 的山沟中，造成 10 人死亡，23 人受伤。该处道路呈东西走向，沥青路面，弯道处全宽 13.9m，驶出点全宽 9m，弯道半径 57m，纵坡为 2%，施划有中心黄实线，道路外侧无防护墩，山岭重丘区二级公路，事发时大雾天气，路面结冰。

案例 14　江西省惠州市金龙大道九龙村路段——道路穿过村庄，造成多起交通事故

案例 15　山西省二广高速大同绕城段西北环路段 7km＋600m 左转弯下坡处——左转弯加下坡容易造成车辆侧翻或者冲下路堤

案例 16　云南省石林县 326 国道 1177km＋700m 弯道上坡处——合成坡度大

二级公路，沥青路面，双向两车道，有效路面 8.6m，两侧设有波形防护栏，弯道半径 179m，纵坡 5.2%，横坡 5.2%，视距 120m。

案例 17　广东省汕头市游泳跳水馆路段——直线长度过长，穿过闹市区

东西走向，城市二级主干道，沥青路面，平直，视线良好，2007 年以来，该道路发生交通事故 18 起，其中涉及人员伤亡事故 9 起，造成 11 人死亡，35 人受伤。

直线长度对交通安全的影响包括：

直线是道路平面线形的基本要素之一，具有方向明确、布线容易、距离最短的特点，在线形设计中使用频率很高。一般来说，直线过长或过短都会使事故率偏高。直线长度过短使得驾驶员转弯操作频繁，工作强度大，线形的过快变化也容易诱发事故。另外，长度过短在线形组合上不合理，容易形成引起驾驶员视线错觉的“断背曲线”，对安全极为不利。

过长直线对交通安全的影响来自驾驶员的视觉反应和心理承受能力。由于线形过分单调，容易引起驾驶员疲劳，反应迟钝，判断出错，遇到突发情况，来不及反应而造成车祸。德国的研究成果表明，驾驶员在直线上正常行驶超过 70s 后就会感到单调。如果不需要超车，4.8km 长的直线就会使驾驶员感到烦躁，甚至打瞌睡，带来灾难性的后果。过长的直线还容易使驾驶员产生趋驶心理，想尽快驶出直线段，不知不觉中造成超速行驶。因此直线不宜过长，直线一般不长于设计速度的 20 倍，否则会带来不利影响。

案例 18　江西省樟吉高速公路吉安段 83km＋728m——道路穿过山体滑坡处

案例 19　云南省丽江市华坪县乡村等外道路——选线不当，造成圆曲线半径过小

南北走向，最大纵坡 13.9%，平均纵坡 12.2%，圆曲线半径 25m，视距 19m。

案例 20　宁夏中卫县 202 省道 162km＋700m——下坡急转弯，连续 1.3km 下坡和急左转弯，转弯半径不足 16m

分析总结：道路选线时应对工程地质和水温地质进行深入勘测调查，查清其对道路工程的影响，对于滑坡、崩塌、岩堆、泥石流、岩溶、软土、沼泽等严重不良地质地段和沙漠、多年冻土等特殊地区，应慎重对待，一般情况下应设法避绕。当必须穿过时，应选择合适位置，缩小穿越范围，并采取必要的工程措施。由于选择的路线地质情况不良，造成路面塌陷或者道路被掩埋进而造成交通事故的情况并不少见，因此道路选线时避开不良地段十分重要。

道路选线时必须正确处理路线与城镇或是村庄的关系。高等级的公路应尽量避开城镇、工矿区以及较密集的居民点。因为高等级道路上车速比较快，对穿越道路的行人或是车辆构成较大的威胁，往往造成严重的交通事故。

第 5 章　道路线形设计不当造成的交通事故案例分析

5.1　交叉口线形设计不当对交通安全影响

5.1.1　案例分析

案例 1　建大新校西门向南的路和经十东路交叉口线形设计不当分析（见图 5-1、图 5-2）

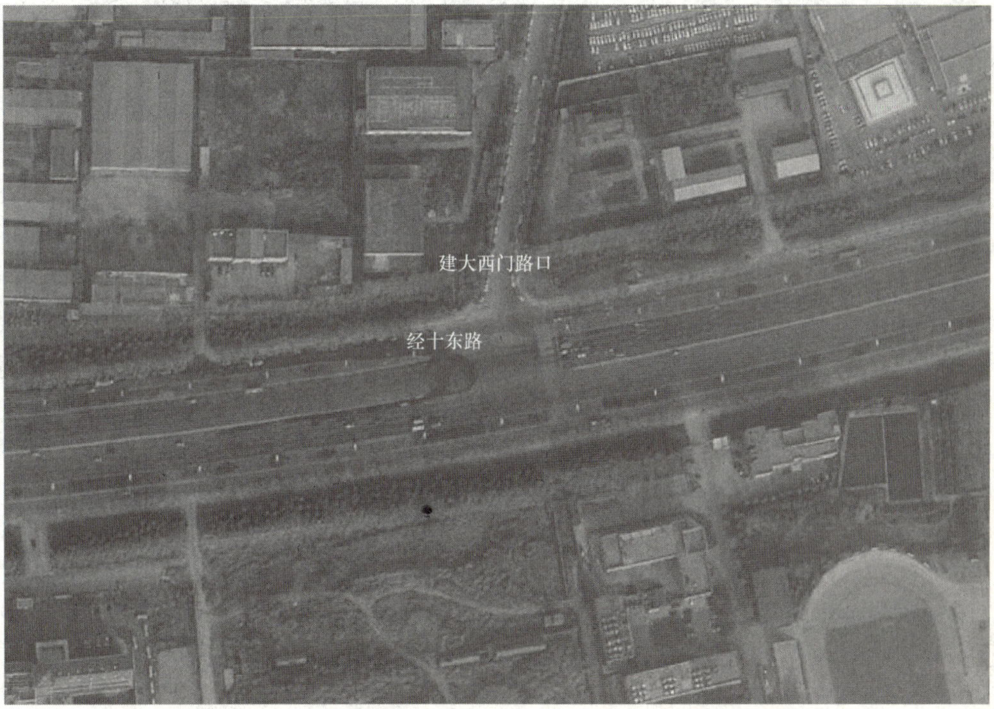

图 5-1　山东建筑大学西门路段与经十东路交叉口卫星图片

该交叉口恰好处在道路纵坡边坡点处，导致上坡的车辆看不到交叉口处的右侧驶入的车辆，加之弯道、交叉口附近建筑物、树木的影响，导致严重视距不足，由次干道驶入经十路和在经十路上行驶的车辆车速较快，这就使得经十路上右转弯的车辆极易与建大西门向南的车辆相撞，很容易造成严重的交通事故。近几年发生的交通事故的数量和危害程度均明显高于其他路段。因此，必须在此处设置警示标志。在其余的交叉口设计时，必须引

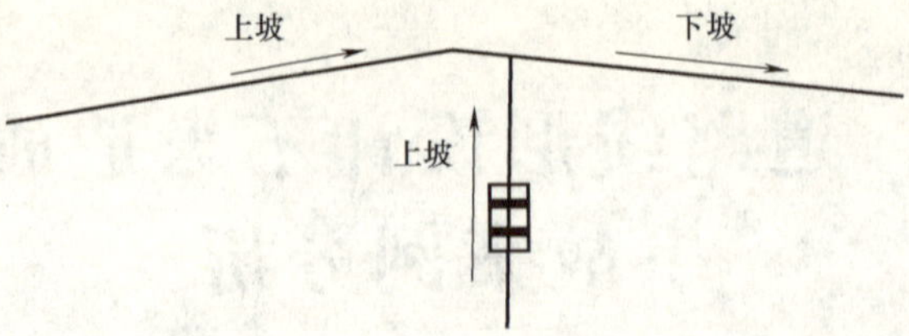

图 5-2　山东建筑大学西门路段与经十东路交叉口示意图

以为戒，避免这种不良的设计。

案例 2　山东师范大学西南侧经十路与山师东路交叉口及附近路段的分析

山东师范大学西南侧经十路与山师东路交叉口及附近路段平面图如图 5-3 所示。

图 5-3　山东师范大学西南侧经十路与山师东路交叉口卫星图片

经十路为济南市一条快速路，路段上车速较快，山师东路由南至北为下坡路段，由经十路右转至山师东路的转角处，路缘石的高度距路面 2cm，在不到 5m 的曲线路段内上升了 20cm，加上车辆转弯，车速较快，又周围建筑物及地势的影响，造成视距不足，这就容易造成内轮驶入路缘石的车辆发生侧翻，此类型事故在此路段发生的数量高于其他路段。特别需提出的是，附近的山东师范大学教职工在此路段发生翻车事故的数量占很大一部分。后来，相关部门设置了三个水泥墩，但效果不是很明显，再后，相关部门设置了一排复合材料的立柱，使得情况有所好转。

案例 3　齐鲁软件园西侧舜华路与舜华西路交叉口及附近路段的分析

齐鲁软件园西侧舜华路与舜华西路交叉口及附近路段平面图如图 5-4 所示，齐鲁软件园西侧舜华路与舜华西路交叉口及附近路段视距三角形示意图如图 5-5 所示。

图 5-4　齐鲁软件园西侧舜华路与舜华西路交叉口及附近路段平面图

该交叉口为舜华路与舜华西路所形成的三岔路口，在这附近有齐鲁软件园、雨滴广场等吸引大量交通量的场所，交通比较繁忙，一旦发生事故就会对周围产生连锁反应，从而造成交通拥堵，影响交通的运行质量。舜华西路为双向四车道，属于城市次干路，舜华路也是双向四车道，属于城市次干路，舜华西路围绕齐鲁软件园与西北至东南走向的舜华路相交，从西北至东南，舜华路为一个下坡路段，受到周围地势的影响，加之周围建筑物与树木的影响，造成了视距严重不足，就会容易导致从舜华西路左转至舜华路的车辆与从舜华路右转至舜华西路的车辆发生碰撞，造成交通事故，此地点近几年发生的交通事故数量也明显高于其他路段。

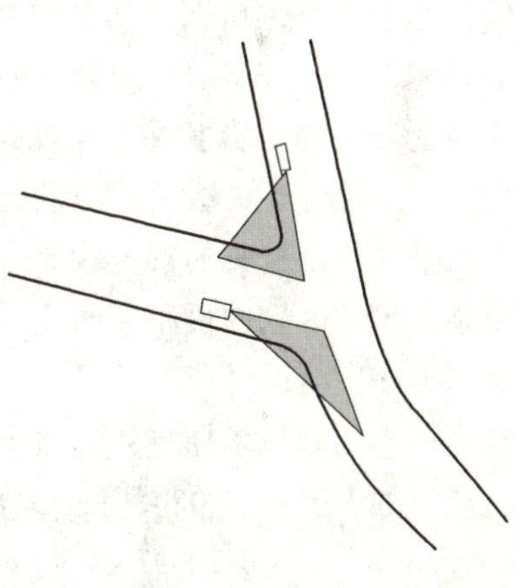

图 5-5　齐鲁软件园西侧舜华路与舜华西路交叉口及附近路段视距三角形示意图

5.1.2　小结

由以上三个对济南市内的道路设计缺陷的路段（山东建筑大学西侧的公路与经十路交叉口及附近路段、齐鲁软件园西侧舜华路与舜华西路交叉口及附近路段、山东师范大学西南侧经十路与山师东路交叉口及附近路段）引发交通事故案例的分析，可以得出线形设计缺陷包括长上坡（长下坡）、坡度过大、弯道过多、路缘石设计不合理等，而这些缺陷都会不同程度地影响行车视距，加之周围建筑物、构造物、植物的影响，会造成视距的不足，既不满足视距三角形的要求，在此三角形范围内出现了阻挡视距的障碍物，而视距不足就容易造成交通事故，应该建立相应的理论模型来评价路段行车视距是否满足要求，以减少交通事故的发生数量和降低破坏程度，来提高道路安全水平。

5.2 平曲线半径对交通安全的影响

案例4　四川达州市宣汉县坡长330m，坡度5.6%，弯道半径175m，全宽8.1m，路肩宽0.5m——较大纵坡加小半径平曲线

案例5　内蒙古S203道桩号K464＋660～K464＋871和K465＋837.8～K465＋979.7两处的平曲线半径值小，分别为68.96m和72m——平曲线半径值过小

分析总结平曲线要素对交通安全的影响：大量的事故数据资料显示，平曲线与道路安全关系重大。Zegeer等在1992年提出，发生在平曲线上的事故率是直线的1.5～4倍，而且事故程度较直线更为严重，有25%～30%的致死事故是在曲线上发生，一般在进入和驶出曲线时驾驶员最容易产生诱发事故的错误操作。车辆在曲线上行驶时速度会降低，速度降低得越大，发生错误操作和事故的可能性就越大，也就是说速度差越大，事故率越高，后果越严重。许多双车道公路的设计标准较低，在设计时就存在一些小半径平曲线，导致曲线上发生的平均事故率比较高。在美国的乡村公路上，有30%～40%的事故是在平曲线上发生的，在二级公路上的比例达到55%～60%。苏联科技副博士维都奇里斯研究汽车在平曲线上行驶的安全状况时指出，600m可以作为双车道公路曲线路段与直线路段行车条件没有区别的最小平曲线半径值。

美国道路安全设计指南通过大量统计数据得出这样的结论：双车道公路随着平曲线半径的减小，事故率呈增加趋势，当半径小于400m时事故剧增。

从获取的内蒙古S203线平面线形几何要素可以看出，桩号K464＋660～K464＋871和K465＋837.8～K465＋979.7两处的平曲线半径值最小，分别为68.96m和72m，而这两个地方恰恰是交通事故黑点。事故原因分析表明，S203线在此路段穿越林区，交通量组成中大货车比例高达41%，在调查过程中还发现货车的满载率很高，大部分车辆满载木材。由于车辆满载时，重心会提高，这将影响汽车的稳定性。尤其当车辆转弯时，倾覆力矩的加大使得在紧急刹车时，极易出现翻车、坠车等事故。平曲线半径值过小使得与前面相邻路段速度差过大是事故高发的另外一个主要原因。利用公式$R=\frac{v^2}{127(\mu+i)}$，可以计算得到车辆安全平顺通过这两个路段的速度值，即：

$$v=\sqrt{127R(\mu+i)} \tag{5-1}$$

式中　R——圆曲线半径（m）；

μ——横向力系数；

i——超高横坡。

两路段的半径分别为 $R_1=68.96$ 和 $R_2=72$，超高横坡均为 3%，横向力系数 μ 取 0.10，得到 $v_1=33$km/h 和 $v_2=34$km/h，而在前面两处相邻路段 K464＋603 和 K465＋794 处实测的运行车速分别为 51km/h 和 50km/h，速度差值分别达 18km/h 和 16km/h，驾驶员通过这两个路段或者急刹车，或者以较高的车速通过小半径曲线，这两种驾驶行为都易导致事故的发生。

5.3　平曲线半径和邻接线形的安全性分析

交通事故率不仅和平曲线本身的特性，如曲线半径值、转角大小、超高设置是否合理等因素有关，也与连接曲线的线形，如曲线两端的直线段长度、相邻曲线的半径大小等要素有关。如果在相当长的直线段上连接一个小半径曲线，要比一条弯弯曲曲的路线更危险，因此两条半径值相同的曲线可能由于连接线形不同导致安全情况截然不同。

5.3.1　平曲线半径和邻接直线长度

案例 6　辽宁大连市普湾区 202 国道 1671km＋600m——长直线加小半径平曲线

车辆在长直线公路上等速行驶一段时间后，由于适应性的影响，驾驶员的速度感减弱，虽然实际车速很高，但主观上觉得车速并不高，从而造成速度判断错觉。这种错觉会给行车安全带来极大的隐患，尤其对于汽车在弯道行驶时更加不利。车辆在进入弯道以前，驾驶员以为车速已经降低很多，但实际车速并不低，进入弯道后，车辆由于车速过高容易出现侧滑及转向困难等现象。因此直线不要设置过长，更不能设计出长直线衔接小半径曲线的线形。Fink 和 Krammes 在 1995 年从纽约、华盛顿和田纳西州的 563 个平曲线数据分析中得出的结论证实了长直线接小半径弯道更加不安全的假设。

美国联邦公路管理局（FHWA）的公路安全信息系统（HSIS）对两车道乡村公路上平曲线和直线长度的安全性关系数据进行研究，分析发生在平曲线上的事故率是否随邻接直线长度的增加而增加，以及其影响随平曲线半径的不同而变化的情况。在分析研究过程中，对研究数据按平曲线半径值和邻接直线长度进行分类，如表 5-1 所示。

平曲线半径和邻接直线长度分类　　　　**表 5-1**

平曲线半径分类	范围(m)	直线长度分类	取值(m)
R_1	$0<R\leqslant200$	T_1	$0<R\leqslant150$
R_2	$200<R\leqslant340$	T_2	$150<R\leqslant300$
R_3	$340<R\leqslant500$	T_3	$300<R\leqslant500$
R_4	$500<R\leqslant880$	T_4	$500<R\leqslant1200$
R_5	$R>880$	T_5	$1200<R\leqslant2400$
		T_6	$R>2400$

事故率用每百万车每年事故数来表示，并对应于半径和直线长度分类。图 5-6 表示了在各个半径分类下不同直线长度对应的百万车年事故率。从图中可以看出，事故率在平曲线为 R_1 类和直线为 T_3 类时达到最大。也就是说，直线长度对平曲线事故率的影响在曲线半径小于 200m 且直线长度在 300～500m 时达到最大值；当平曲线半径在 200～340m，直线长度在 150～300m 时达到第二极大值；对于半径超过 340m 的平曲线，直线长度对事故率的影响不明显。即直线长度对半径 200m 以内的平曲线的安全影响最大。研究还得出这样的结论：半径在 200m 以内，邻接直线长度在 300～500m 的平曲线的事故率比其他曲线高约 50%；半径在 200～340m 范围内，邻接直线长度在 150～300m 的平曲线的事故率比其他曲线高约 10%。

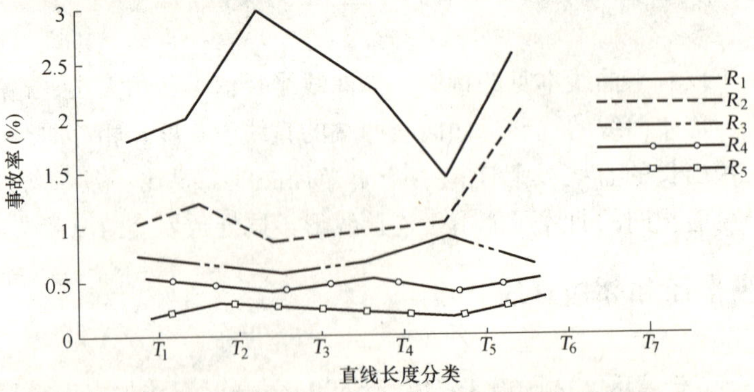

图 5-6　按直线长度分类的每百万车每年事故发生率

5.3.2　几个小半径平曲线相邻接

案例 7　山东省道临沂市至苍山段 80km+500m 处——小半径平曲线相连，造成多起交通事故

一般来说，由多个平曲线直接连接的路段要比传统的直线加平曲线路段的安全性高许多，可以用单位长度角度的变化值 CCR（Curvature Change Rate）即曲率变化率反映安全程度。随着曲率变化率 CCR 的增加，交通事故率也会增加，但是这种事故增加值会相对较小。

$$CCR=\frac{\alpha}{L}\times 100 \tag{5-2}$$

式中　α——曲线转角（°）；

L——曲线长度（m）；

CCR——曲率变化率（°/100m）。

5.4　平曲线设置频率对安全的影响分析

弯道是线形的重要组成部分，没有弯道的过长直线在设计中是不可取的，但太多的弯道个数会造成环境复杂，强迫驾驶员过多过快地接受信息，有时采取措施不及时或稍有疏忽便会发生交通事故。

美国公路设计指南中，分析平曲线设置频率（仅限于半径小于600m的小半径曲线）与百万车公里事故率的关系如表5-2所示。

平曲线设置频率与百万车公里事故率的关系　　**表5-2**

曲线半径(m)	1km内的曲线数	百万车公里的事故数	曲线半径(m)	1km内的曲线数	百万车公里的事故数	曲线半径(m)	1km内的曲线数	百万车公里的事故数
<175	0.3	8.2	290～580	0.3	3.06	>580	0.3	1.6
	0.6～1	3.7		0.6～1	2.62		0.6～1	1.87
	2.5～3	2.2		2.5～3	1.6		2.5～3	1.5

平曲线设置频率对交通安全的影响还可以通过弯道密度与事故率的关系来反映。

5.5　平曲线转角方向和大小与交通安全的关系

案例8　山东省220国道东阿镇段——双车道左转弯，小半径平曲线

对于转向不同的平曲线，驾驶员的操作是不同的，行驶轨迹有一些差别。在双车道公路上，跟在大货车后面的小汽车习惯靠左行驶，随时准备超车，其视距在左转曲线上可能大大降低。

通过双车道公路S203线、国道110和国道210部分路段事故率分析路线转角大小和安全的关系。以路线转角大小为横坐标，事故率为纵坐标，利用回归曲线进行拟合。其中事故率是按百万辆车事故率来计算，公式如下：

$$A=\frac{B\times10^6}{M} \tag{5-3}$$

$$M=365\times AADT \tag{5-4}$$

式中　A——百万辆汽车的事故率（次/MED）；

B——1年内该地区事故事件数（次）；

M——该地区的机动车的保有量（百万车）；

$AADT$——年平均日交通量。

拟合结果显示，当曲线转角在0°～45°之间变化时，百万辆车事故率与转角的关系近似成开口向上的抛物线形，即随着转角的增大事故率在逐渐降低；当转角增大到某一数值时事故率降到最低值，即达到抛物线的最小极值点，此后随着转角的继续增大事故率又开始上升。统计结果也证实了小偏角曲线容易导致驾驶员产生急弯错觉、不利于行车安全这一传统观点。

美国的研究成果同样证明了平曲线转角的安全值是20°，因为转角20°的平曲线能最好地满足驾驶员的视觉特性和行车视野的要求。驾驶员在正常行车状态下，其视点一般集

中在高乘宽为10cm×16cm的矩形范围内。若曲线转角为20°，则驾驶员看到的曲线恰好落于上述矩形范围内（如图5-7所示），从而使驾驶员不需要移动视线或转动头部就可以充分了解道路及交通情况，同时也提高了行车舒适性、减少了行车疲劳和紧张感。小偏角的平曲线虽然也落入上述范围，但其缺点不在于视野范围是否有利，而是容易导致另一种交通心理现象，即急弯错觉。当平曲线转角较大时，部分曲线已落于矩形范围之外，导致驾驶员看到的路线不连续（如图5-8所示），为此必须移动视线或转动头部才能看清全部曲线上的道路及交通情况，这无疑增加了行车难度和危险。

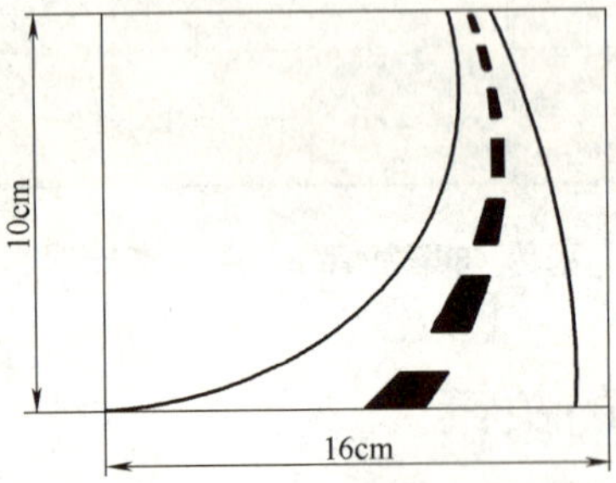

图5-7　曲线全部落入矩形范围内

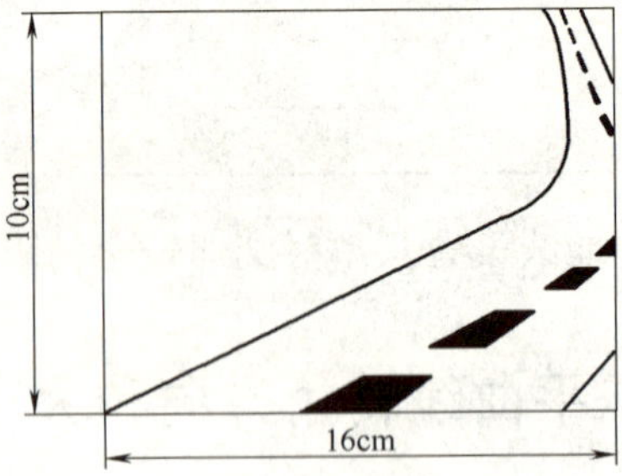

图5-8　曲线部分落入矩形范围外

5.6　公路纵断面线形要素与交通安全的关系

道路纵断面线形要素主要包括坡度、坡长、竖曲线半径等。纵断面线形对交通安全的影响也十分显著，往往是导致事故的直接原因。汽车的爬直坡能力是限定纵坡大小的一个重要因素。由于各种汽车构造、性能、功率不同，它们的爬坡能力也不一样，纵坡大小对载重汽车的影响比小汽车显著得多。汽车在陡坡上行时，必然导致车速降低。若陡坡太长，爬坡时会使汽车水箱出现沸腾、汽阻，以致行车缓慢无力，机件磨损增大，驾驶条件恶化，甚至导致发动机熄火；若汽车轮胎与道路表面摩擦力不够会引起车轮空转打滑，甚至有向后滑、溜的危险，发生交通事故。沿长陡坡下行时，由于需长时间减速、制动，也会造成制动器发热失效或烧坏，从而导致交通事故。因此，有必要对纵坡的大小和坡长与交通安全的关系进行分析。

5.6.1　坡度对交通安全的影响

国内外的研究一致认为，道路纵坡对交通安全的影响非常大，尤其当坡度比较大时，事故率明显增大。据莫斯科公路学院的调查资料分析表明，发生在道路坡度路段的交通事故在平原地区占7%，在丘陵地区占18%，在山区占25%，而且坡度越大，交通事故率越高，如表5-3所示。

纵坡度与道路交通事故率的关系　　表5-3

坡度(%)	2	3	4	5	7	8
事故率(次/百万车辆公里)	1	1.5	1.75	2.5	3	10

（1）坡度影响系数

坡度对安全的影响可以通过坡度影响系数反映。苏联、德国、日本、奥地利等国家的道路交通安全研究人员通过对已有的道路交通事故率与纵坡坡度关系的分析，提出了纵坡对于行车安全的影响系数值，如表5-4所示。

纵坡安全影响系数　　表5-4

纵坡(%)	2	3	4	5	7	8
坡度影响系数	1	1.3	1.75	2.5	3	4

（2）公路坡度与纵坡道上车辆平均速度的关系

车速与道路交通安全关系极大，对于一定性能的车辆，坡度大小直接影响着速度值。为了分析坡度对车辆行驶的影响，根据《公路工程技术标准》JTG B01—2003考虑选择坡长限制值时的车型——8t载重东风重型货车，在自由流状态下观测其在不同坡度上坡和下坡的速度值。根据观测数据，通过回归分析得到如图5-9所示的载重汽车在上下坡道上平均速度与坡度的关系。

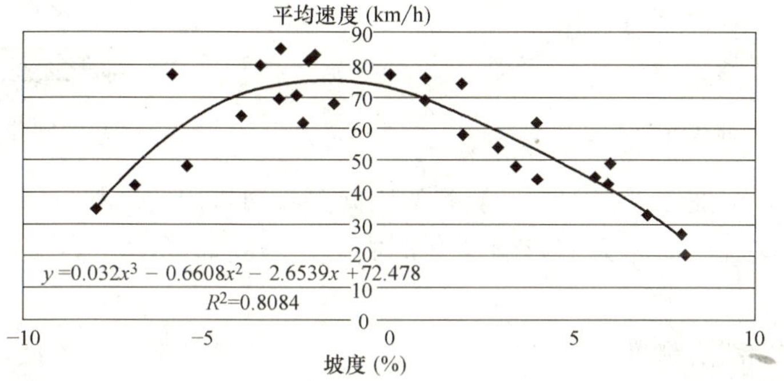

图5-9　双车道公路平均速度与坡度关系图

从曲线图可以看出：自由流状态下的载重汽车在上坡段速度降低幅度要比下坡段剧烈。在上坡段，速度随着纵坡坡度的增加而逐渐降低；在下坡段，速度在较小纵坡路段有上升趋势，但当纵坡坡度大于4%时，速度并不随着下坡度的增加而增大，反而开始下降。这种现象主要是由于过大的陡坡给驾驶员心理造成一定的紧张情绪，而过陡的下坡会使车辆速度增加过快，为了避免在坡底速度累积值过高，造成安全隐患，驾驶员被迫制动车辆降低车速。

5.6.2　坡长对交通安全的影响

坡长对交通安全的影响，依赖于坡度对安全的影响，坡长主要起到一个对坡度的影响加强或削弱的作用。主要表现在：

（1）长陡坡造成加速度或减速度的积累，使车速过高或过低而诱发事故；

（2）过长纵坡，易使驾驶员对坡度判断失误。如长而陡的下坡路段连接一段较平缓的下坡时，驾驶员会误认为下一路段坡度为上坡，从而采取加速行驶的错误操作。

5.6.3 竖曲线对交通安全的影响

案例9 山东省内220国道东阿镇与东平县交界处——凸曲线视距不足

案例10 山东省平阴县孝直镇乡村公路——凹曲线视距不足导致事故频发

竖曲线主要是为了实现变坡点坡度变化的过渡曲线，包括凸曲线和凹曲线两种。竖曲线半径的大小，将直接影响过渡效果的好坏，对道路交通安全有着一定的影响。竖曲线半径值对交通安全的影响主要体现在对行车视距产生影响上。半径越大，提供的行车视距就越大，小半径竖曲线往往不能满足视距要求。在任何道路上，可获得的视距应大于或等于停车视距，小半径竖曲线易造成平、纵组合不合理而使视线不连续。当为凸曲线时，会使驾驶员产生悬空的感觉失去行驶方向，如图5-10所示；在凹曲线上夜晚易造成视距不足，如图5-11所示。对重型车辆情况更为严重，因为其驾驶员视线高于客车驾驶员。Olsonetal在1984年通过数据分析指出在凸曲线上由于视距不足导致的事故率高达52%。

图5-10 凸曲线视距不足

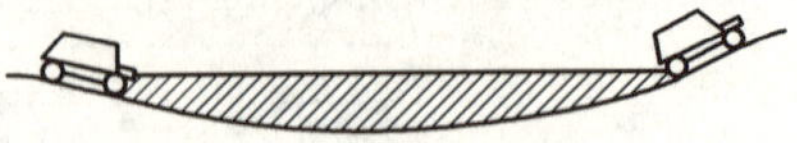

图5-11 凹曲线视距不足

汽车在小半径竖曲线上行驶时，受到的竖向离心力作用使驾驶员产生超重或失重感过大，易造成驾驶失控。离心力的影响还会造成车辆与路面间的摩擦系数减小，影响交通安全。

在小半径凹曲线底部可能会出现排水不畅问题。如果排水设施不足，而且凹曲线是位于平曲线的超高过渡段，这种积水情况会更加严重。竖曲线既要保证有足够大的半径，还要保证有足够的长度。因为当坡差很小时，计算得到的竖曲线长度往往很短，在这种曲线上行车时会给驾驶员一种急促的折曲感觉。通过获得的公路设计资料和事故资料，发现大于6%的陡坡路段上凸曲线发生交通事故的可能性较大。在相同的半径条件下，发生在凸曲线上的事故率比凹曲线大，而平曲线和竖曲线组合的路段事故率明显偏高。

5.7 公路横断面线形要素与交通安全的关系

5.7.1 路面宽度对安全的影响

案例11 平阴县洪范池镇任庄村与李山头村交界处公路——路面窄，宽约5.0m，该路段事故频发

一般来说，较宽的路面有利于行车安全，当双向车道的路面宽度大于6.5m时，事故率比路宽为5.5m路面低得多。因此，道路交通事故率随路面宽度的增加而降低。图5-12

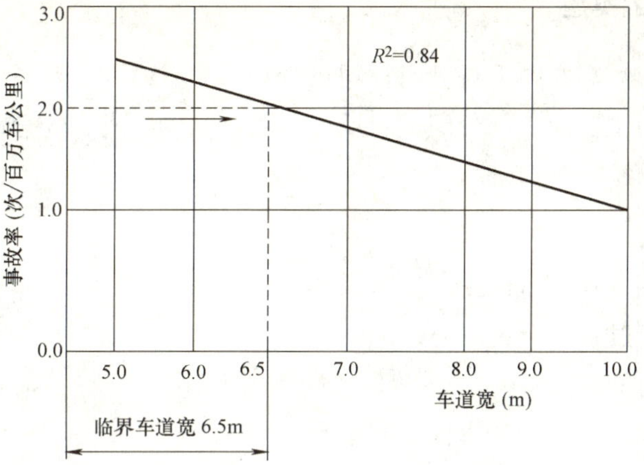

图 5-12　双车道公路事故率与路面宽度的关系

为美国双车道公路事故率与路面宽度的关系。总体来看，事故率与路面宽度基本上呈线性关系，路面越宽，事故率越小。但是双车道公路路面宽度如果过大，会使得道路余宽值加大，驾驶员就会试图利用余宽，在非超车带进行超车，或因高速行车而肇事。

5.7.2　路肩的宽度和结构对安全的影响

路肩由土路肩和硬路肩组成，路肩对安全行车的作用主要有以下两点：

（1）给发生故障的车辆提供临时停靠的地点，有利于防止交通事故和避免交通紊乱。紧急状态下，路肩还可以作为事故救援的备用道。

（2）路肩作为侧向净宽的一部分，能增进驾驶员的安全感和舒适感，尤其在挖方路段，可以增加弯道视距，减少行车事故。一般情况下，路肩较宽可以给驾驶员以较大的操作空间，但是路肩宽度的过量增加并不会显著减少事故率。路肩的结构对车辆的安全行驶也极为重要，车辆一旦离开路面进入土质路肩区，若路肩结构与路面结构差异较大，车辆很容易失去控制而发生危险，这说明修建硬质路肩更有利于交通安全。因此，虽然双车道公路可以不设硬路肩，但在村镇附近及混合交通量大的路段应予加固。

5.8　行车视距与线形组合对安全的影响分析

5.8.1　公路行车视距对安全的影响

为保证行车安全，驾驶人员应能随时看到汽车前面相当远的路程，一旦发现前方道路上有障碍物或迎面来车，能及时采取措施，避免碰撞，这一必需的安全距离称为行车视距。道路具有足够的视距，是保证驾驶员行车安全的一个重要因素。在德国的道路交通事故中，由于视距不够引起的交通事故占总事故的比例达 44％；美国加州双车道公路，视距小于 800m 与视距大于 2500m 的路段相比，前者的交通事故率是后者的 2.2 倍。行车视距分为停车视距、会车视距、错车视距、超车视距四种类型。

5.8.1.1 行车视距的类型

（1）停车视距：汽车在路上行驶时，司机看到前方障碍物，紧急安全制动所需的最短距离称作停车视距。主要由三部分组成：反应距离、制动距离、安全距离。

$$S_s=\frac{vt}{3.6}+\frac{v^2}{254(\varphi \pm i)}+S_0 \tag{5-5}$$

式中 S_s——汽车停车视距（m）；

v——汽车行驶速度（km/h）；

t——反应时间（s）；

φ——汽车轮胎和地面的纵向摩阻系数；

i——道路纵坡（上坡取“＋”，下坡取“－”）；

S_0——前后两车间的安全距离（m）。

停车视距所用的反应时间通常为留有余地，取为 2.5s，其中判断时间为 1.5s，制动反应时间取 1.0s，但在复杂情况下发现、识别、判断所需时间会增加。

（2）会车视距：在同一车道上两辆对向行驶的汽车相遇，从相互发现时起，至同时采取制动措施，使两车安全停止所需的最短距离。会车视距由三部分组成：双方司机反应时间所行驶的距离、双方汽车的制动距离、安全距离。一般用公式 $S_h=2S_s$。

（3）错车视距：在没有明确划分车道线的双车道公路上，两对向行驶的汽车相遇，发现后即采取减速避让措施安全错车所需的最短距离。

（4）超车视距：在双车道公路上，后车超越前车时，从开始驶离原车道之处起，至可见逆行车并能超越前车后安全驶回原车道所需的最短距离。

超车视距包括：后车加速行驶距离 S_1；后车在对向车道上行驶的距离 S_2；超车完了时，超车汽车与对向汽车之间的安全距离 S_3；超车汽车从开始加速到超车完成，对向汽车的行驶距离 S_4。以上四个距离之和是比较理想的全超车过程，但距离较长，在地形比较复杂的地点很难实现。实际上在计算所需的时间时只考虑超车汽车从完全进入对向车道到超车完了所行驶的时间就可以保证安全了。因为，尾随在慢车后面的快车司机往往在未看到前面的安全区段就开始了超车作业，如果进入对向车道之后发现迎面有汽车开来而超车距离不足时还来得及返回自己的车道。

最小必要超车视距为：

$$S_{超}=S_1+S_2+S_3+S_4 \tag{5-6}$$

双车道公路的会车视距应达标，同时应在一定间距路段内提供超车条件，超车路段长度占路线总长度之比，应满足超车需要。如果超车问题考虑不当，比如说超车带在路线中分配不均或设置过少，就会造成在有的路段要么汽车排长队缓慢跟行，要么强行超车发生危险。一般来说，双车道公路宜在 3min 的行驶时间里，提供一次满足超车视距要求的超车路段，超车路段长度应不小于路线总长的 10％～30％。

5.8.1.2　易发生行车视距不足的路段

案例 12　洪范池镇张海村老水渠处——道路左转弯，因为水渠挡住视线，造成视距不足，形成事故多发路段

（1）平面弯曲路段

由于在弯道的内侧有边坡、建筑物、树木、道路设施等阻碍了驾驶员的视线，使得视距满足不了要求，从而成为视距不足路段。有时尽管原来设置的视距是足够的，但路边的绿化树、花草得不到及时清理，也会造成视距不足。特别是在弯道内侧如果设有道口或小路，当地的行人、车辆、牲畜频繁出入道口，尽管驾驶员已发现障碍物并采取措施，但由于安全距离不足，还是会造成很大的危险，如图 5-13、图 5-14 所示。

图 5-13　内蒙古 S203 线树木生长对行车视距的影响

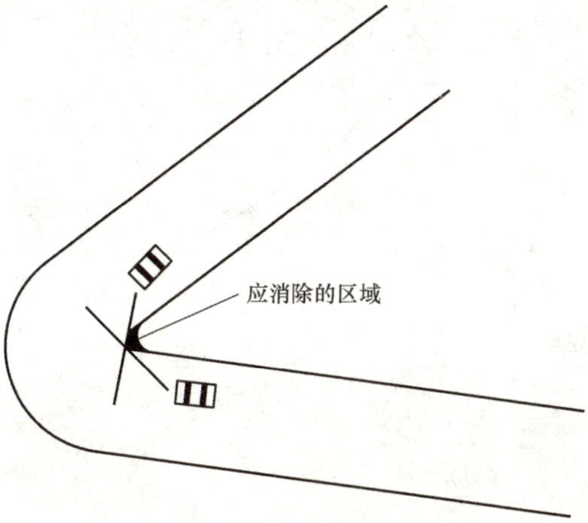

图 5-14　视距不足的弯曲路段

（2）凸形变坡路段

纵断面为凸形竖曲线，在上下坡连接处的竖曲线上，驾驶员的视线受到阻碍。当竖曲线半径较小时，视线受阻严重，视距满足不了规定的数值，成为视距不足的路段，如图5-15所示。由于竖曲线半径过小，影响驾驶员的视距，使其视野变小，是酿成事故的原因之一。

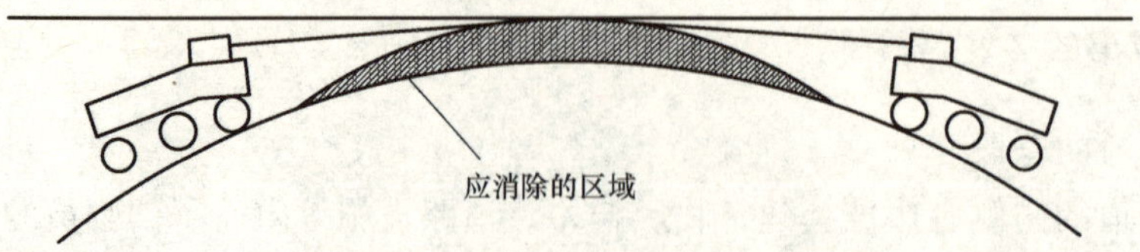

图 5-15　视距不足的凸形变坡路段

（3）凹形变坡路段。纵断面为凹形的路段，在上下坡连接处的竖曲线上，汽车的车灯照射范围受到阻碍。由于竖曲线半径较小，驾驶员的视线严重受阻，视距满足不了规定的数值，成为视距不足的路段，如图5-16所示。

图 5-16　视距不足的凹形变坡路段

5.8.1.3　行车视距与交通事故率的关系

从美国统计的交通事故率与行车视距的关系曲线可以看出，如图5-17所示，交通事故率随着行车视距的增加而降低。当视距小于100m时，事故率随视距减小而显著增加；当视距大于200m时，事故率随视距增加而缓慢降低；当视距大于600m时，事故率基本不再变化。因此，100m可以作为事故率可容许极限点，200m是事故变化率的转折点。

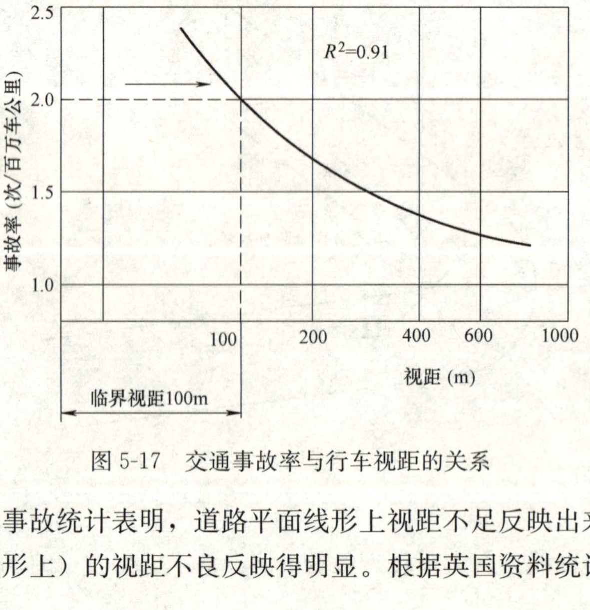

图 5-17　交通事故率与行车视距的关系

国内外道路交通事故统计表明，道路平面线形上视距不足反映出来的道路交通事故数量，没有纵断面（线形上）的视距不良反映得明显。根据英国资料统计，竖曲线的视距越短，交通事故越频繁，（视距）长度和交通事故率成反比。如表 5-5 所示。

竖曲线与交通事故率的关系　　表 5-5

视距长度(m)	每百万车公里交通事故率	
	凸形曲线	凹形曲线
240 以下	2.4	1.5
240～450	1.9	1.2
450～750	1.5	0.8

5.8.1.4　视距设置及检查应注意的几个方面

（1）道路所在地的气候状况：若公路地处南方，由于雨水较多，道路湿滑，路面摩擦系数降低，导致制动距离增加，相应的行车视距也应当增加，否则难以确保安全；

（2）道路的交通状况：当道路上交通量组成比例大型车、载重车较高时，由于车辆载重量大，制动距离长，相应的行车视距也应增加。在道路穿越村庄、城镇等人口密集区时，由于混合交通量大，交叉口多，人车横穿公路频繁，也应适当加大视距；

（3）考虑夜间行车状况：夜间行车由于光线不足，视线受阻严重，在打开车灯行车时的视距是否达标非常重要，应予以充分重视；

（4）实际行车速度的影响：如果道路状况良好，实际行车速度往往大于设计行车速度，当遇到突然转弯、上下坡、混合交通或人车横穿道路时，也会因车速过快造成制动距离增加而影响行车安全。这时应设置合理的交通安全设施，如明显的限速标志，从而有效降低行车速度；

（5）视距是否均衡：当道路的几何线形要素能保证较高车速时，个别的视距不足路段常常是交通事故的危险点。

5.8.2　公路线形组合与交通安全的关系

Messer 指出，驾驶员的工作负荷随着视距的降低和复杂的线形几何条件而增加。当平曲线和凸曲线结合时，由于视距的降低和汽车不得不在三维空间行驶，从而大大增加驾驶员的工作负荷。如果平纵组合还包括了一些驾驶员意料不到的情况，那么工作负荷会增加得更多，这样就会导致驾驶员采取不安全的操作行为，导致行车速度发生很大变化，从而降低道路安全水平。因此，平纵线形组合是否合理，对行车安全影响极大。

早在 1967 年，Park 和 Rowan 就开始使用驾驶员透视图考虑道路平面和纵断面的合理组合，近些年来，Smith 和 Lamm 提出了利用透视的方法评价道路三维空间，从而代替常见的二维空间评价方法。他们建议使用驾驶员透视图来确保设计能够满足驾驶员的期望，同时提出了一系列确保线形连续性设计的推荐值。比如说，平曲线和竖曲线的半径比值应该在 1/10～1/5 之间，在山岭重丘区，凸曲线的半径应大于凹曲线的半径，而在平原微丘区反之。德国的比鲁兹通过高速公路事故统计资料证实了急弯与陡坡的不利组合，会使事故率剧增。

5.8.2.1 平曲线与竖曲线的适宜组合

平面线形与纵断面线形的组合，不仅应满足汽车动力学的要求，而且应充分考虑驾驶员在视觉、心理上的要求，避免产生扭曲、错觉和不良心理反应。

（1）平纵组合时，平曲线与竖曲线应相互重合，且平曲线应稍长于竖曲线

平曲线与竖曲线完全对应能够保证视觉上的连续性，使驾驶员一看就觉得是顺滑而美观的线形。若将竖曲线的顶点设在平曲线的起点上，就不能给驾驶员一个顺滑的视线诱导，看起来公路好像断了似的，而且在纵断面的凹部底点附近排水困难；若在一个平曲线中设几个竖曲线时，就会使驾驶员感觉公路被分成了几段。这些都是由于平曲线与竖曲线对应不当而产生的。

（2）平曲线与竖曲线的技术指标应保持均衡

平曲线与竖曲线在一起时，其技术指标之间的大小匹配应当均衡，不能一个大而缓另一个小而急。一个长的平曲线内有两个以上竖曲线，或一个竖曲线内有两个以上平曲线，看上去都很别扭。根据德国的计算，若平曲线的半径小于1000m，竖曲线半径约为平曲线半径的10～20倍，便可达到均衡的目的。

（3）根据路面排水和汽车行驶动力学要求，选择组合得当的合成坡度

在双车道公路穿越山岭等地区时，若纵坡较陡又插入小半径平曲线，就容易造成合成坡度过大，对行车安全不利，特别是在冬季结冰期更危险。在平坦地区，当纵坡几乎接近水平时，平曲线起、终点附近的合成坡度会非常小，对排水不利。一般来说，最好使合成坡度介于0.5%～8%之间。

（4）道路线形要连续，考虑驾驶员心理需求

直线或大平曲线上纵断面线形不得存在驼峰、暗凹、跳跃等使驾驶员视线中断或忽上忽下的线形（如图5-18所示），否则会造成驾驶员视线不连续，受到竖向离心力的反复变化影响，引起心理不适和操作失控。要避免在驾驶员的视域内出现反复变化的线形，无论是平面线形上的方向变化，还是纵面线形上的坡度变化，都会使线形外观不连贯，形成视线盲区和错觉，使驾驶员产生紧张感，影响行车舒适和安全。因此，美国有关专家建议，

图5-18 内蒙古S203线暗凹路段

驾驶员在任何一点所看到平面线形上的方向变化不应超过 2 个，纵坡线上不应超过 3 个。

5.8.2.2　平曲线与竖曲线应避免的组合

平、竖曲线重合是一种理想的组合，但由于地形等条件的限制，这种组合往往不是总能争取到的。如果错位不均衡，就会出现视觉效果很差的线形。

（1）避免竖曲线的顶、底部插入小半径的平曲线。在凸形竖曲线的顶部插入急转弯的平曲线，会因视线小于停车视距而导致急打方向盘。若凹形竖曲线底部插入小半径的平曲线，便会出现汽车高速行驶时急转弯，容易引起交通事故，如图 5-19 所示线形。

图 5-19　内蒙古 S203 线 K464＋887 处易发生坠车事故路段

（2）避免凸形竖曲线的顶部或凹形竖曲线的底部与反向平曲线的拐点重合。二者都存在不同程度的扭曲外观，前者不能正确引导视线，会使驾驶员操作失误。后者虽无视线诱导问题，但路面排水困难，易产生积水，雨水不但使路面抗滑性能下降，雨水及飞起的溅水和水雾还会降低能见度，造成夜间行车车灯眩目，危及行车安全。

（3）避免平、竖曲线首尾相接或同起点、同终点。因为当车辆行驶至平、纵线形同时变化的地点，驾驶员既要操纵方向盘，又要操纵变速器，手脚并用，容易因忙乱而出事故。所以，平、竖曲线最好分开设置，它们之间应有 10s 的运行车速行程。

（4）避免小半径竖曲线与缓和曲线的重合。这种组合对凸曲线诱导性差，事故率较高，对凹曲线路段易导致路面排水不良。

（5）避免“零”横坡的出现。路面的横坡在设有超高的弯道会发生改变，在横坡由正常坡度变化到超高横坡过程中，会在缓和曲线某处形成“零”横坡，造成该处排水不畅，路面抗滑性下降，车辆方向不好控制，引发多起交通事故。

5.8.3　易使驾驶员产生错觉的公路线形

在公路线形设计中，所采用的指标不仅应满足标准和规范的要求，同时还应该考虑到驾驶员在行驶时视觉的特殊性。当汽车行驶速度较高时，驾驶员的视觉特性对其驾驶行为和行驶速度影响很大，易使驾驶员出现错觉、幻觉，若线形设计不当时，这种情况会更严重。在线形设计中，应结合驾驶员的动视觉特点，设计出在视觉上保持连续和流畅的公路线形，尽量避免采用易使驾驶员产生错觉的线形，从而给驾驶员提供一个宽松和愉悦的驾驶环境。

（1）弯道错觉实验表明，弯道可见部分越小，驾驶员就越会低估其曲率。在实际道路上，对于不超过半圆的圆弧线形，总觉得它的弯度比实际弯度小；对于同样曲率半径的弯道，前方容易看清楚时，也会产生弯度小的错觉，容易使驾驶员盲目高速行驶，对行车安全极为不利。在蛇行弯道行驶中，由于视线方向不断改变，会产生弯道更为弯曲的错觉，这又会使驾驶员过多过急地转向，也会引发交通事故。

（2）坡道错觉实验表明，如果下坡行驶到坡度变缓的路段时，由于路边景物与路面倾斜度降低所造成的影响，驾驶员会觉得下坡已完，开始上坡了，如果在坡道两旁设有交通标志，驾驶员可以根据交通标志来克服这种错觉。但在没有交通标志的坡道上，驾驶员极容易采取提速冲坡动作。同样，在上坡时，也会因为中途坡度变缓而误认为上坡结束，开始下坡了，从而盲目换挡。这些错误的操作都会诱发交通事故。

（3）线形错觉实验表明，转向相同的同向曲线之间插入较短的直线段时，在视觉上容易产生将直线和两端连接的曲线看成反向曲线的错觉，当直线过短时甚至把两个曲线看成是一个曲线，造成驾驶员操作失误[9]。

第 6 章　道路选线及线形设计图纸审查

6.1　相关标准的修改

(1) 尽管我国《公路工程技术标准》JTG B01—2003 对应于不同的设计车速给出了最大纵坡和坡长值，但是通过对内蒙古 S203 线连续下坡路段的线形设计分析以及交通事故频发的事实表明：目前用于公路线设计的纵断面指标仍需要进一步研究和探讨。规范中最大纵坡和坡长的确定，主要考虑了汽车的上坡动力性能，而缺少对长大下坡的安全性考虑，导致在实际设计过程中，设计人员可以做出符合《标准》、《规范》要求的多种“合法、不合理”的纵断面设计。尤其是当地形起伏大，地质情况复杂，必须采用连续升坡或连续降坡展线的方法来克服高差的时候，虽然平纵线形指标都符合现行标准、规范的要求，但这些连续长、大下坡路段交通事故发生的概率明显增大，而且是重特大交通事故较多。

(2) 为了从源头上减少交通事故，《公路工程技术标准》应该更加强调下坡路段的道路安全性设计，严格控制下坡路段的坡度、长度，更加注重各种线形的组合设计，严格控制各种不利线形的设计，提高要求。

6.2　道路选线应该注意事项

选线就是根据任务书规定的道路起点、终点、使用性质和任务，并结合沿线的自然条件，选定一条技术上可行、经济上合理、又能符合使用性质的道路中心线的工作。

一般选线要经过以下三个步骤：

第一步，全面布局：是解决路线的基本走向。

第二步，逐段安排：是解决局部性路线方案。

第三步，具体定线：是确定公路中线的具体位置过程。

选择路线方案一般应综合考虑以下主要因素：

(1) 路线在政治、经济、国防上的意义，国家或地方建设单位对路线使用任务、性质的要求，战备、支农、综合利用等重要方针的体现。

(2) 路线在铁路、公路、航道、空运等交通网中的作用，与沿线地区工矿、农业、城镇等规划的关系，以及与沿线农田水利等建设的配合及用地情况。

(3) 沿线地形、地质、水文、气象、地震等自然条件的影响，要求的路线技术等级与实际可能达到的指标（包括对低限指标的采用）及对路线使用任务、性质的影响，路线增长系数（两控制点间路线实际长度与空间直线距离的比值）、筑路材料来源、施工条件以及工程量、三材（钢材、水泥、木材）用量、造价、工期、劳动力等情况及其对运营、施工、养护等方面的影响。

（4）其他，如与沿线革命史迹、历史文物、风景区的联系等。

6.2.1 路线设计原则

（1）路线设计

应在保证行车安全、舒适、迅速的前提下，使工程数量最小、造价低、营运费用省、效益好，并有利于施工和养护。

路线设计应注意在立体线形设计中平、纵、横面的舒顺、合理配合，力求平面短捷舒顺，纵面平缓均匀，横面稳定经济。

在工程量增加不大时，应尽量采用较高的技术指标，不宜轻易采用低限指标，也不应不顾工程量的大幅增加而片面追求高指标。

（2）选线占地

做到少占田地，注意尽量地不占高产田、经济作物田或经济林园等；

对沿线必须占用的田地，应按国家有关法规，做好造地还田等规划和必要的设计。

通过名胜、风景、古迹地区的公路，应与周围的环境、景观相协调，并适当照顾美观。注意保护原有的自然生态环境和重要的历史文物遗址，严禁损坏重要的历史文物。

（3）工程水文地质

对于滑坡、崩塌、岩堆、泥石流、岩溶、软土、泥沼等严重不良地质地段和沙漠、多年冻土等特殊地区、应慎重对待。一般情况下，路线应设法绕避；当路线必须穿过时，应选择合适的位置，缩小穿越范围，并采取必要的工程措施。

对于高填深挖路基地段，应做好路基边坡岩土情况的勘测工作，查清边坡及基底情况，据此进行填挖边坡稳定性计算，必要时采取切实可行及安全可靠的防护措施。

（4）路桥关系

大中桥位应在服从路线总方向的原则下综合考虑，不要因桥位而过多地增长路线，桥位应尽量选择在河道顺直、水流稳定、地质良好的河段上，并注意方便群众。

小桥涵位置应服从路线走向，但在不降低路线技术指标的情况下，也应适当照顾小桥涵位置的合理。

（5）高等级公路

对于高速公路和一级公路，由于其路幅宽，可根据通过地区的地形、地物、自然环境等条件，利用其上下车道分离的特点，本着因地制宜的原则，合理采用上下行车道分离的形式布线。

6.2.2 平原区布线时应着重考虑的问题

（1）正确处理好路线与农业的关系

1）修建公路时占地是难以避免的，解决好路线与农田规划、农业灌溉水利设施的关系，是平原区选线时的关键问题。布设路线时，要注意既不片面要求路线顺直而占用大面积的良田；也不片面要求少占耕地而降低线形标准，甚至恶化行车条件。再者，应解决好路线与农田水利设施的关系。使路线的布置尽可能地与农业灌溉系统相配合，少占良田，不占高产田。除较高等级的公路外，一般不要破坏灌溉系统，布线要注意尽量与干渠相平行，减少路线与渠道的相交次数，最好把路线布置在渠道的上方非灌溉区一侧或者是渠道的尾部。

2）注意筑路与造田、护田相结合。在可能条件下，布线要有利于造田、护田、以支援农业。路线通过河曲地带，当水文条件许可时，可考虑路线直穿，裁弯取直，改移河道，缩短路线，改善线形。

（2）处理好路线和桥位的关系

1）大、中桥位往往是路线的控制点，应在服从路线总方向的原则下，路、桥综合考虑，选择有利的桥位，布设路线。既要防止只考虑路线顺直、不顾桥位条件，增加桥跨的难度；又要防止片面强调桥位，使路线绕线过长，标准过低。一般情况下，桥位中线应尽可能与洪水主流流向正交，桥梁和引道都在直线上。桥位应选在水文地质、跨河条件较好的河段。

2）小桥涵位置原则上应服从路线走向，但遇到斜交过大（夹角小于45°时）或河沟过于弯曲时，可考虑采取改沟或改移路线的办法，调整交角，布线时应比较确定。

（3）处理好路线与城镇居民点的关系

1）国防公路与高等级的干道，应采取绕避的方式远离城镇，必要时还应考虑采用支线联系。

2）较高等级的公路应尽量避免直穿城镇、工矿区和居民密集区，以减少相互干扰。但考虑到公路对这些地区的服务性能，路线又不宜相离太远，往往从城镇的边缘经过。做到近村而不进村，利民而不扰民，既方便运输、又保证交通安全。这种路线布线时，要注意与城镇的规划相结合。

3）公路等级较低时，应考虑县、区、村的沟通，经地方同意可穿越城镇，但要注意有足够的视距和必要的公路宽度以及必要的交通设施，以保证行人和行车的安全。

（4）注意土壤、水文条件

1）平原区的水位条件较差，取土较为困难。为了保证路基的稳定性和节约用土，在低洼地区，应尽可能沿接近分水岭的地势较高处布线，以使路基具有较好的水文条件；

2）在排水不良的地带布线时，要注意保证路基最小填土高度；

3）路线要尽量避开较大的湖塘、水库、泥沼等，不得已时应选择最窄、最浅和基底坡面较平缓的地方通过，并采取措施保证路基稳定。

（5）正确处理新、旧路得关系

注意利用老路，并与铁路、航道及已有公路运输相配合。在平原区路线布设时，若有老路与新布路线相距较近且走向一致时，在条件许可时，应尽量地将其改造后加以利用，以减少耕地的占用并提高路基的稳定性。

（6）注意就地取材和利用工业废料

修建公路需要消耗大量的筑路材料，为节省工程造价，应充分利用当地的材料，特别是地方上的工业废料[10]。

6.3 图纸审查要点

图纸审查阶段主要审查道路的平曲线、纵曲线、横断面要素，各种线形相组合后的安全性。

（1）道路平曲线要素，包括缓和曲线长度、圆曲线半径、平曲线各要素间的相互组合，平曲线设置频率；

（2）纵坡坡度、长度不超过极限指标，平纵曲线的组合；

（3）横断面要素，路肩、路拱和超高的设置；

（4）行车视距审查，包括停车视距、停车视距和会车视距[11]。

6.4 道路设计中的交通安全问题审查制度

6.4.1 国内外道路安全评价研究现状

目前，对道路设计方案的安全性研究主要有两个方面：安全评价方法和安全评价指标与模型的确定。现有手段主要是依赖专家打分的安全审查程序、依赖安全评价指标的评价体系和结合计算机技术的交互式评价系统三种。

专家评议主要是专家通过审查设计部门提供的设计文件，对设计的合理性进行评价，并提出改进意见。但由于公路设计手段所能完成的工作量有限，能提供给专家的信息有限，并且不同专家考虑问题的方法及侧重点不同，在缺乏实验数据（如汽车在道路上的运行状况，项目建成后对环境的影响等）的情况下，对公路设计方案评价，专家只能根据自身的知识和经验进行判断，很难做出客观全面的评价。

安全评价体系可以克服专家评议的不足。目前国内相关研究部门和人员已经提出很多价值较高的评价模型和体系，如北京工业大学王广山硕士论文《高速公路设计一致性评价模型研究》从高速公路交通事故规律以及公路几何线形关系入手，研究了高速公路设计一致性对道路安全的影响，并建立的相关评价模型。其设计一致性模型主要依赖于 L_C（路段曲线相对长度）、R_R（最小最大半径之比）和 R_D（平均半径与路段设计速度时最小半径的比值）三个线形指标的线性组合，而评价模型则路段曲线评价半径、路段最大半径与最小半径之比、路段曲线相对长度、AVC（路段平均竖曲率）和路段长度五个线形指标的线性模型。河北工业大学靳灿章硕士论文《高速公路线形评价—评价指标的选取及理论分析》，也是从高速公路交通事故和公路线形综合因素的统计关系来研究和评价了公路几何线形的安全性能，在评价过程中，分别考虑了车速、视觉、统计、交通安全和总体五个方面的因素，评价指标比较全面，但是指标的实用性还需要进一步的研究验证。北京工业大学的陈永胜博士论文《高速公路安全设计基础理论及关键技术研究》首先研究了道路安全设计的原理，然后给出了道路安全水平的量化模型。论文中重点研究了驾驶员行为因素和速度因素，并采用了计算机手段分散速度离差指标，建立了两段式的安全设计模型。

通过以上研究发现，这些研究成果都是针对高速公路进行安全性能评价，没有考虑其他等级公路的安全性，缺乏广泛性；都是从某一个角度探讨了线形安全评价模型，评价指标比较单一，没有考虑人、车、路这个系统环境的交互作用，割裂了它们的内在联系和相互影响；以事故率发展起来的评价方法和成果应用范围有限，不能适用其他道路或者地区的评价；研究资料来源主要是从交通管理部门获得，缺少实际道路上的几何、速度、交通、事故资料；没有采用系统的分析方法，也没有建立较为完善的线形安全评价体系。

国内也有学者应用综合方法进行研究的，如严宝杰等人提出高等级公路安全保障体系分析与评价的 EAHP 理论，采用模糊结合评判、层次分析法和专家咨询法相结合的方法。其不足之处就是需要量化的指标却以专家打分来代替，这使得安全评价结果不能让人满意。

国外的研究如美国的 IHSDM（Interactive Highway Safety Design Model），它是通过大量的实验观测和少量仿真实验，形成的一套交互式公路安全设计和评价体系，主要针对双车道公路设计建立了评价模型。该模型是建立在大量观测数据基础上的统计模型，综合考虑了人、车、路之间的相互影响。因为影响公路设计方案的因素复杂而多变，所以 IHSDM 建立在有限统计数据基础上的评价模型能否真正用于我国的道路设计方案评价上，还需要实践的检验。Carlo Polidori 等人对欧洲的道路交通安全审查方面做了详细的介绍[21]。

总体而言，目前公路设计评价的难点在于如何定量的确定评价指标，并如何对公路方案进行科学评价。例如公路运营的经济性与汽车的行驶速度以及油耗有着直接的关系，然而公路工程的系统复杂性，决定了汽车的实际行驶速度和油耗是不可能通过调查或理论推导方式得到的。同时公路工程作为大型土木工程，投资巨大，不可能通过建造实物模型的方式，只能通过实验来获得这些评价指标。

道路安全评价发展主要经历了这样几个阶段：安全审查阶段、单变量回归分析阶段、多变量回归分析阶段、人机交互式分析阶段。

道路安全评价一般可以在以下阶段实施：工程可行性研究阶段、初步设计阶段、施工图设计阶段、开放交通之前、开放交通之后和现有道路的评价。虽然在各个阶段评价都有一定的收益，但是评价工作进行越早越好，效益也越明显，因为在图纸上的设计改动比建设完成后改建容易且有效得多。

6.4.2　道路设计阶段安全审查

6.4.2.1　影响交通安全的道路设计的主要因素

影响交通安全的道路设计的主要因素集中在诸如路面宽度、路肩宽度、路侧净空、平曲线的半径及曲率、纵曲线坡度及坡长与其他道路交叉的密度等方面，交叉口的设计和交通控制方式也会对交通事故发生次数具有一定影响。道路设计中的安全要素还包括沿线交通工程设施的设计、交通工程设施与道路线形设计的适配性等，这方面也是决定驾驶行为，进而影响行车安全的重要指标之一。尤其是标志、标线、诱导设施等，与道路主体构造物共同构成了驾驶员的视觉信息界面，这是决定驾驶信息负荷度的主要来源。而长期的研究表明，驾驶信息负荷度与行车安全具有显著的相关关系。为此将对道路交通客观条件与事故关系进行研究，具体过程如图 6-1 所示。

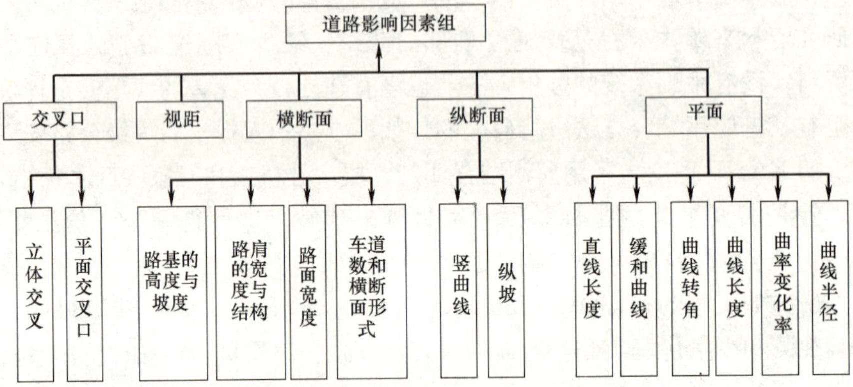

图 6-1　道路交通客运条件与事故关系

6.4.2.2　道路设计阶段安全审查的主要内容

合理、优质的公路设计，可以提供清晰醒目的行车方向，提供足够的视距及其他信息，能够符合驾驶人员普遍期望的设计效果。在道路设计中，影响交通安全的因素主要包括道路线形、路面设计安全设施、构造物位置及形状设计。

道路线形是立体描述道路中心线的平面线形和纵断面线形的形状。在实际设计中，要充分利用地形尽量采用直线，特别是在平原地区，不能过多地人为改变直线线形，但也要注意适当引入曲线以便吸引驾驶员的注意力。一般直线最大长度为 20（$v+\Delta v$），其中 v 为设计行车速度，Δv 为通常在直线段的实际行驶速度与设计行车速度的差值，一般取 $\Delta v=15\sim20$km/h 曲线线形要适合地形的变化，并能圆滑地将前后线形连接以保持线形的连续性。圆曲线的曲率半径尽可能大些，一般避免采用极限最小半径缓和曲线通常采用回旋线。对于设计车速较高的公路，在计算缓和曲线时横向加速度变化率宜采用 0.45m/s^3，并需相应地增加缓和曲线的长度[11]。

视距是指驾驶员在道路上能够清楚看到前方道路某处的距离，是道路几何设计的重要因素。足够的视距对保证行车安全、提高通行能力起到了重要的作用。在视距设计过程中，反应时间的取值要大于所有驾驶员的正常平均值，特别在复杂情况下如交叉口、立交匝道处、车道变化处、交通标志等设施处，在取反应时间时，应增加判断时间，该值应大于 2.5s。

道路的路面除应有足够的路面强度外，还要保证行车的安全性与舒适性，路面平整度是反映车辆行驶舒适性的重要指标，路面抗滑性则是交通安全的迫切要求，路面的破损情况对行车的舒适与安全都构成影响。

路面的粗糙度反映路面的抗滑能力，路面要保持一定的粗糙度，必须有相应的构造深度，构造深度越小，表明路面越圆滑。在一般情况下，摩擦系数变小，会丧失渗水，排水的功能，容易产生汽车滑水现象，造成严重的事故。目前国内广泛推广的 SMA 路面，可以在一定程度上解决下雨时路面与车轮的排水问题，从而减少交通事故。

道路的路面横向分布即路幅宽的布置方式对交通安全也有一定的影响。车行道、路缘带、路肩以及中央分隔带的形状和尺寸，都应根据使用功能交通量大小、交通流的组成以及安全行车要求进行合理设计，做到连续性和一致性。车行道宽度的有效利用，在很大程度上取决于路缘带和路肩的状况。高速公路设置规定宽度的路缘带能起到分隔车行道和路肩，车行道和分隔带的作用，并诱导驾驶员，有利于安全行驶。

道路构造物的形成和位置对交通安全的影响主要表现在交叉口的分布和出入形式的选择。首先要满足相交道路的使用性质和交通量要求，此外还要保证主线道路的通行能力。对高速公路的立体交叉在设计中要注意提供统一的右侧出口形式，尽量将出口置于立交桥之前，做到先出后进，要防止和避免错向进入，对于平面交叉，要合理利用地形线形尽量直，纵坡尽量小，在条件允许的情况下尽可能采用直角或近似直角。

道路交通安全设施包括安全管理设施和安全防护设施，安全管理设施通常包括标志、标线、信号、通信等。对隧道而言，包括隧道的通风、照明、消防、报警等。在进行这些设施设计时，除满足其重要的、特殊的需求外，要能比较容易引起驾驶人员的注意，提供的信息要简明、易懂，要允许驾驶人员有足够的反应时间，各类设施尽量做到全路统一，要有安全性，有抵抗外界环境的能力。

安全防护设施通常包括路侧护栏、护墙、分隔带护栏、桥梁栏杆、人行天桥防落物网等。在护栏、栏杆的设计中，应从其功能、经济性、行驶安全性和诱导作用出发，综合考虑地形，地质条件当中央分隔带宽度超过 10m 后，可不设中央分隔带护栏。在护栏的刚性选择上，中央分隔带护栏一般不采用单柱双面波形钢板护栏，在其小于 4m 的地方，不适用柔性护栏；在交通量大，中央分隔带窄的地方，应首选刚性的混凝土护栏；在护栏的整体布置上，要避免设置间断小段护栏，要保持护栏的连续性和一致性，以避免小间隙，减少端头。

路缘石和排水沟不得设置于护栏之前，否则可能使失控车辆越过护栏或者在撞上护栏时翻车，设置在天桥上的防落物网，是为了保证桥下车辆的行驶安全，落物对高速行驶的车辆冲击造成的危险是严重的，设计时应对防落物网的高度，安装位置以及环境协调和美观方面重点考虑。

路侧安全设计（Roadside Safety Design）是在 20 世纪 60 年代末期，世界各国公路建设发展比较快的时候得到重视的。路侧一般定义为路面边缘以外的区域，其安全设计是公路设计中一种较新的理念。路侧安全设计的重要性是建立在对大量交通事故数据分析的基础上，据发达国家的事故数据统计，至少有 30％的伤亡事故是由于单个汽车冲出路外而造成的。

道路设计阶段的交通安全审查主要是找出设计影响因素，分析各影响因素所带来的交通安全隐患，研究安全、经济、合理的处理方法，以免因设计不合理而造成交通事故，争取在设计阶段找出交通安全隐患。这才是道路设计阶段交通安全审查的主要目的。

安全审查清单有 4 个阶段组成，共计 17 个具体的表单构成。通过这些具体的表单，安全审查人员就可以有针对性的检查并提出相关的修改意见。安全审查清单具体如表 6-1 所示。

审查清单总体框架表　　表 6-1

阶段 1 规划	阶段 2 设计	阶段 3 施工	阶段 4 现有公路
P:规划中的公路	D1:平面线形	C1:施工一般性审查	E1:现有公路设施
	D2:纵面线形	C2:改扩建与大中修	E2:事故多发地段
	D3:横断面线形	C3:新建与临时维修	
	D4:平、纵、横综合线形		
	D5:路基		
	D6:路面		
	D7:结构物		
	D8:互通立交		
	D9:平面交叉		
	D10:附属设施		
	D11:安全设施		

6.4.2.3　道路审查体系的原则

（1）科学性原则。审查指标体系必须具有科学的理论依据，即指标本身要具有科学性，单个指标在理论上应比较完备，指标与数据的计算必须以科学理论为依据。也就是说，指标应能客观合理地、科学地反映出系统的信息。

（2）系统性原则。由于道路交通系统是一个涵盖多因素、多目标的复杂系统，审查指标体系应力求全面地反映道路的综合情况，既能反映系统的内部结构与功能，又能合理评估系统与外部环境的关联，既能反映直接效果，也能反映间接影响，以保证审查的全面性和可靠性。

（3）综合性原则。审查指标体系作为一个有机整体，应从不同方面反映道路交通系统的整体状况和性能，反映系统的动态变化。因此所有的选取指标应能够展现路网结构与功能及适应性等技术性能，同时又要反映出交通使用者和交通管理者的完整信息。

（4）协调性原则。综合审查的指标与指标之间应是相互补充的、协调的，充分考虑指标之间的相干性关系，避免指标之间的重复与冲突，实现指标体系的最优化。

（5）实用性原则。审查指标体系应尽量达到层次清晰、指标精练、方法简洁，使之具有实际应用与推广价值。为此，选取的指标要具有可操作性，指标的含义应明确且易于被理解，指标量化所需资料收集方便，能用现有方法和模型求解。

总　　结

本书回顾了中国道路交通安全现状，分析归纳并找出了导致交通事故的原因，重点分析导致交通事故的道路因素，从道路选线与设计的角度去找到影响交通安全的因素；通过各种安全评价模型对不同道路路段进行安全评价，对各种类型的道路缺陷进行分析总结，然后通过各种方法找到合理的设计指标，从道路设计方面减少交通事故的发生。

主要研究内容：①以道路线形为研究对象，分析我国道路安全状况以及国内外对道路安全的研究现状；②从平、纵、横三方面以及各种线形的相互组合出发，分析道路线形与交通安全的关系，找出影响道路交通安全的主要因素；③分析道路线形与道路交通事故的关系，建立道路线形与交通安全的关系模型，并对模型分析和验证；④搜集道路选线及线形设计不当导致交通事故的案例，并对每种不当线形与选线不当的案例进行分析归纳总结；⑤通过试验研究、案例分析及模型分析，找出道路选线及线形设计指标的改进改善方案，最大限度地减少交通事故的发生。

参考文献

[1] 公安部交通管理局. 中华人民共和国道路交通事故统计年报. 2001～2011 年.

[2] 刘运通. 道路交通安全指南. 北京：人民交通出版社，2004.

[3] 岳晓晗. 长下坡路段交通安全分析与评价. 西安：长安大学硕士论文，2009.

[4] 刘柏秀. 山区高速的公路桥隧连接段安全评价及改善研究. 西安：长安大学硕士论文，2009.

[5] 李定. 城市道路交叉口交通设计研究. 重庆：重庆交通大学硕士论文，2007.

[6] 贺敏，田东军. 从驾驶员的心理角度分析道路线形对交通安全的影响. 北京：交通科技，2007 年第 6 期，总第 225 期.

[7] 郭凤香. 道路线形安全分析与评价. 昆明：昆明理工大学硕士论文，2005.

[8] 高传东. 山区灾害多发区段道路选线的理论与方法. 成都：西南交通大学硕士论文，2001.

[9] 吴立新. 双车道公路线形与交通安全关系的研究. 长春：吉林大学硕士论文，2005.

[10] 张志清. 道路勘探设计. 北京：科学出版社，2005.

[11] 王希军. 道路设计阶段安全审查. 北京：交通标准化，总第 155 期.

[12] 杨佩昆. 吴兵. 交通管理与控制. 北京：人民交通出版社，2003.

[13] 王京元，牧海泳. 道路条件与交通安全的关系. 北京：道路交通与安全，2007 年第 2 期.

[14] 刘海强. 山区高速公路平纵线形组合设计合理性研究. 西安：长安大学硕士论文，2010.

[15] 高传东. 山区灾害多发区段道路选线的理论与方法. 成都：西南交通大学硕士论文，2003.

[16] 陆键，袁黎，项乔君，张国强. 公路平面交叉口交通安全设计理论与方法. 北京：科学出版社，2009.

[17] 丁庆国. 基于汽车行驶稳定性的公路平纵组合线形设计指标研究. 哈尔滨：哈尔滨工业大学硕士论文，2010.

[18] 刘平雨. 道路线形与交通事故的关系研究. 南京：东南大学硕士论文，2009.

[19] 张建军. 连续长大下坡路段避险车道设置原则研究. 合肥：合肥工业大学硕士论文，2005.

[20] R. A. Krammes，R. Q. Brackett and M. A. Shafer etc. Horizontal Alignment Design Consistency for Rural Two-Lane Highways Publication No. FHWA-RD-94-034，U. S. Department of Transportatio.

[21] Carlo Polidori，Adewole Adesiyun，Xavier Cocu，Peter Saleh，Kerstin Lemke. European Common Standardized Certification Methodology for Road Safety Experts Procedia-Social and Behavioral Sciences，2012，Vol. 48，pp. 85-94.